VISAGES DE LA SHOAH :

MARCEL JABELOT

VISAGES DE LA SHOAH :
MARCEL JABELOT

BARBARA P. BARNETT

AVEC DISCOURS ET LETTRES,
GUIDE DU LECTEUR ET RÉFÉRENCES

AVANT-PROPOS DE RUTH KAPP HARTZ

WAYNE, PENNSYLVANIA

Beach Lloyd Publishers LLC, August 2004
Copyright © 2004 by Barbara P. Barnett

All rights reserved. No part of this book, including interior design, cover design, illustrations, maps and photographs may be reproduced or transmitted in any form, by any means (electronic, photocopying, recording or otherwise) without the prior written permission of the publisher.

Barnett, Barbara P.
Visages de la Shoah : Marcel Jabelot by Barbara P. Barnett

ISBN: 0-9743158-4-2
Printed in the United States of America
Library of Congress Control Number: 2004093478

Cover design by Kevin Bugge and Dave Moore
Technical Director, Ronald Silver
Proofreader, Patricia Brigidi
Unattributed photographs are from the author's files.

Cover photo: *Marcel Jabelot au Jardin du Luxembourg*

*À George
avec toute mon affection*

TABLE DES MATIÈRES

Critiques	xi
Avant-propos de Ruth Kapp Hartz	xiii
Prologue	xv
Introduction	xvii

TÉMOIGNAGES

Première partie	1
1) L'Occupation allemande	1
2) L'Arrestation de Marcel Jabelot	2
3) Drancy	4
4) Le Trajet à Auschwitz	5
5) L'Arrivée à Auschwitz	6
6) Le Tatouage	8
7) La Première nuit	8
8) La Nourriture	9
9) Birkenau	10
10) La Mine de charbon	11
11) L'Architecte belge	11
12) La Marche de la mort	12
13) La Paysanne polonaise	14
14) Les Russes	16
15) La Croix-Rouge	17
16) Bucarest-Odessa-Marseille	18
17) L'Après-guerre	18
18) L'Antisémitisme	19

Deuxième partie 22

19) Le Retour à Paris 22
20) Le Travail 23
21) La Sorbonne 24
22) La Perte de la foi 25
23) Le Mariage 27
24) Témoigner 28
25) Les Leçons 30

DISCOURS ET LETTRES 33

- Le mardi 14 mars 1995
Remise de la Croix de Chevalier de la
Légion d'Honneur à Marcel Jabelot ;
allocution de Charles Palant
prononcée à Paris, Pavillon Dauphine 33

- (suite) Le mardi 14 mars 1995
Allocution de Marcel Jabelot à l'occasion
de sa Remise de la Croix de Chevalier
de la Légion d'Honneur par Charles Palant ;
prononcée à Paris, Pavillon Dauphine 35

- Le 28 avril 1996
Discours de Marcel Jabelot
à la première de *Visages de la Shoah*
à l'École Agnes Irwin 40

- Le 20 juillet 1997
Discours de Marcel Jabelot pour la
Journée commémorative des
persécutions racistes et antisémites
à Drancy 42

- Lettres de Marcel Jabelot à trois élèves 49

GUIDE DU LECTEUR	55
Chronologie	55
Événements principaux dans la vie de Marcel Jabelot	57
Questions de compréhension	60
• Première partie	60
• Deuxième partie	65
Idées à discuter	67
BIBLIOGRAPHIE RECOMMANDÉE	69
Histoire	69
Mémoires et Littérature	71
INDEX	73

ILLUSTRATIONS

Danièle Leclercq Jabelot et Marcel Jabelot à Villanova, 1996	xvi
Marcel Jabelot à cinq ans	xvii
Georges et Simone Jablonowicz, les parents de Marcel	xviii
Marcel Jabelot, 19 ans, avec sa mère à Nice	xviii
La France en 1942, avec la Zone occupée au nord et la Zone libre au sud	2
Deuxième arrestation massive de Juifs à Paris / 20 août 1941	4

Barrière au camp de Drancy 5

(1941) Paris. Affiche de propagande antijuive 20

Souvenir du groupe Saint-Mandé /
    18 décembre 1943 26

Cimetière du Père-Lachaise à Paris
    (Buna-Monowitz [Auschwitz III]) 28

Mémorial au cimetière du Père-Lachaise à Paris
    (Buna-Monowitz [Auschwitz III]) 36

Remise de la Croix de Chevalier
    de la Légion d'Honneur 39

Plaque à Drancy 41

Mémorial à Drancy : le wagon 43

Rafle du Vél d'Hiver, les autobus garés
    le long du Vélodrome d'Hiver /
    16–17 juillet 1942 45

Monument de la rafle du Vél d'Hiv à Paris 48

Marcel Jabelot dans son appartement 59
    à Neuilly-sur-Seine

Rue de Rivoli, 1944 60

CRITIQUES

Le témoignage de Marcel Jabelot, comme ceux d'autres anciens déportés, est un récit qu'il nous faut présenter et expliquer à la nouvelle génération.
Jacques Adler, historien et professeur, University of Melbourne
Face à la persécution, les organisations juives à Paris de 1940 à 1944

Marcel Jabelot, rescapé d'Auschwitz, concluait son témoignage en déclarant que dès que l'on cesse de respecter l'Autre se glisse le danger du nazisme et des horreurs qu'il a lui-même survécus.
Albert Valdman, professeur de français
Indiana University et ancien « enfant caché »

Cinquante ans après l'événement, le témoignage de Marcel Jabelot révèle la présence horrible de la Shoah dans la vie quotidienne de ses victimes. Ses réflexions finales sont simples et profondes.
Patrick Henry, professeur emeritus de français
Whitman College

L'histoire de Jabelot ajoute une voix très articulée et originale aux témoignages de la Shoah.
Eric Nooter, ancien historien et archiviste
American Jewish Joint Distribution Committee, Inc.

Très impressionnant !
Abe Plotkin, Pennsylvania Holocaust Education Task Force

L'histoire poignante est racontée d'une manière si sensible qu'on ne peut pas s'empêcher de comprendre...
Rosanne L. Simon
St. Anne's-Belfield School, Virginia

Le narrateur est clair, son histoire poignante, et son français excellent pour une classe de langue.

> Nelly Trocmé Hewett, fille du Pasteur
> André Trocmé (Le Chambon-sur-Lignon)

Grâce à ce témoignage, on ne pourra jamais dire que cela ne s'est pas passé.
> Dr. Judith Speiller, ancienne directrice du programme de langues étrangères, Edison Township (NJ) Public Schools

J'ai été très émue par son témoignage touchant et par le courage avec lequel il a repris sa vie après une telle souffrance.
> Elise O'Connell, *Main Line Life* (18 juillet 1996)
> et ancienne élève de Barbara P. Barnett

Monsieur Jabelot est un homme remarquable, et malgré les épreuves subies, il a trouvé la paix et la joie de vivre.
> Charline Einstein, épouse d'Ernst Einstein,
> enfant caché à Clermont-Ferrand

AVANT - PROPOS

Ayant connu Marcel Jabelot personnellement, il est à la fois facile et difficile de présenter ce livre qui lui est dédié. « Facile » pour parler de son infatigable travail de mémoire pour que les années noires de la Shoah ne soient jamais oubliées, « difficile » parce qu'il y a tant à dire sur Marcel Jabelot en une page.

Ayant été une « Enfant cachée » dans la France de Vichy, j'ai eu la chance d'avoir pu passer des heures précieuses avec Marcel lors de mes nombreuses visites à Paris et aussi pendant sa visite aux États-Unis en 1996 lors de la première du superbe film de Barbara Barnett, *Visages de la Shoah*, sur lequel ce livre est basé.

Malgré des souffrances atroces dans les camps de la mort, la perte de toute sa famille et une récupération difficile après la guerre, Marcel Jabelot avait une personnalité noble et chaleureuse, était élégant de corps et d'esprit et gagnait vite les cœurs des personnes qui entraient en contact avec lui. Ce charisme lui a permis de témoigner avec conviction dans de nombreux lycées, collèges et universités. Mes propres expériences varient considérablement des siennes mais mon livre sur mon Enfance cachée, *Your Name Is Renée* [Tu t'appelles Renée], représente également un aspect de la Shoah qui complémente l'histoire de Marcel Jabelot.

Peu nombreux sont les survivants qui ont tant fait pour perpétuer la Mémoire de la Shoah, et pour avoir dévoué leur vie d'adulte à cette cause, aussi effectivement que Marcel Jabelot. C'était un activiste, un éducateur, un témoin et une source de soutien pour ceux qui n'avaient pas sa force morale et son infaillible courage.

Ce livre continue à faire vivre le travail de mémoire de Marcel Jabelot et deviendra certainement une référence pour les étudiants de la Shoah dans les années à venir.

Dans notre lutte pour un monde meilleur, nos souvenirs sont nos armes les plus puissantes. Puissent les mots de Marcel Jabelot être à jamais gravés dans nos mémoires :

> « L'oubli ne doit pas ensevelir à nouveau
> ceux qui ne sont pas revenus ».

Ruth Kapp Hartz
27 avril 2004

PROLOGUE

C'est grâce au Centre de documentation juive contemporaine à Paris que j'ai eu l'honneur de faire la connaissance de Marcel Jabelot et de recueillir son témoignage émouvant en 1993. Toni Banet a filmé nos conversations avec talent et patience et je lui en suis très reconnaissante. Je voudrais également remercier la National Endowment for the Humanities pour son soutien financier qui m'a permis de voyager en France et de faire des recherches.

L'École Agnes Irwin où je travaille depuis plus de trente ans m'a soutenue dans tous les domaines pendant de nombreuses années. Le témoignage touchant de Marcel Jabelot y est devenu un outil pédagogique pour l'enseignement de la langue et de la Shoah dans les cours de français. Très émues par l'histoire de Marcel Jabelot, mes étudiantes ont posé un grand nombre de questions. Qu'est-il devenu après la guerre ? S'est-il marié ? A-t-il eu des enfants ? Et c'est pour cette raison que je suis retournée en France l'année suivante afin de recueillir un deuxième témoignage sur la vie de Marcel Jabelot après Auschwitz.

En 1995, j'ai réalisé, avec Martha G. Lubell et Sharon Mullally, la vidéocassette *Visages de la Shoah : Marcel Jabelot*. Elle a reçu une Mention Honorable au festival des films juifs qui se déroulait au Musée Judah Magnus à Berkeley (Californie), et elle a été projetée à de nombreux congrès en France et aux États-Unis. C'est comme « militante de la mémoire » que je publie aujourd'hui ce livre qui contient le texte intégral du film ainsi que d'autres éléments qui peuvent intéresser tous ceux qui enseignent ou étudient les leçons de la Shoah.

Marcel Jabelot et sa charmante épouse Danièle (dont j'apprécie la gentillesse et l'amitié) se sont rendus à Rosemont (Pennsylvanie) pour la première de *Visages de la Shoah* à l'École Agnes Irwin. C'est là où Marcel s'est adressé à un public de deux cents personnes, puis à mes étudiantes pendant leurs cours de langue. Il a même été interviewé à la radio sur National Public Radio. Ces élèves, qui avaient déjà envoyé des lettres à ce courageux rescapé, ont été bouleversées de pouvoir lui parler en personne. Une de ces jeunes filles a d'ailleurs fait la remarque suivante : « Marcel Jabelot sera toujours pour moi le visage de la Shoah ».

Il faut, avant tout, remercier Marcel Jabelot, un homme extraordinaire, qui a généreusement accepté de partager son histoire touchante avec des centaines d'étudiants. Avec son décès soudain en 1999, je voudrais que son histoire reste vivante pour qu'on n'oublie jamais.

Barbara P. Barnett

Danièle Leclercq Jabelot et Marcel Jabelot à Villanova, 1996. Photo réalisée par Harry Hartz.

INTRODUCTION

Marcel Jabelot est né à Paris le 31 mai 1924 d'un père ouvrier d'origine polonaise et d'une mère parisienne (photo à cinq ans).

Après l'invasion allemande, il s'est rendu avec sa famille à Nice (en Zone libre) où il a clandestinement commencé des études de médecine. Il y a été arrêté en septembre 1943 avec sa mère, son père et sa grand-mère paternelle (78 ans), puis a été transféré au camp de Drancy et envoyé à Auschwitz-Birkenau en octobre 1943 par le convoi 61. Sa mère  et sa grand-mère ont été gazées dès leur arrivée. Son père a « disparu » un mois plus tard. Marcel Jabelot a miraculeusement survécu la Marche de la mort en janvier 1945.

Malgré la perte de toute sa famille (plus de quinze personnes), la tuberculose et le pillage de tous ses biens, il a refait sa vie après la guerre : une carrière réussie, un mariage heureux. À l'âge de soixante ans, Marcel Jabelot a pris sa retraite pour suivre des cours d'histoire, d'économie et de sociologie à la Sorbonne et témoigner dans les lycées. Il a été décoré Chevalier de la Légion d'Honneur en mars 1995. Il est décédé le 23 mars 1999 à l'âge de soixante-quatorze ans.

Georges et Simone Jablonowicz, les parents de Marcel.

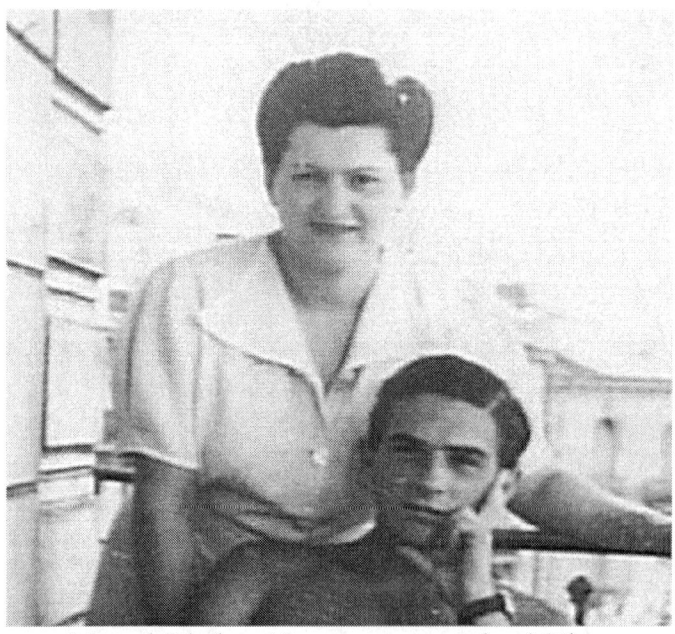

Marcel Jabelot, 19 ans, avec sa mère à Nice.

Témoignages de Marcel Jabelot recueillis par Barbara P. Barnett en 1993 et 1994

PREMIÈRE PARTIE

1) L'OCCUPATION ALLEMANDE

Comme je vous le disais tout à l'heure, je suis né à Paris, moi, de parents d'origine polonaise. J'ai fait mes études à Paris et juste au début de la guerre j'avais commencé des études de médecine. Et nous vivions à Paris quand la guerre a commencé. Et puis quand les Allemands sont venus, quand la France a perdu la guerre et que les Allemands sont venus à Paris, ont envahi, ont occupé la France, nous sommes partis dans le sud de la France, à Nice. Pourquoi nous sommes partis à Nice ? Parce que c'était les Italiens qui occupaient Nice et les Italiens étaient beaucoup plus favorables pour la question juive que les Allemands, et même que les Français. Et puis, à un certain moment — en septembre 1943 — les Italiens ont arrêté la guerre. Ils ont fait l'armistice et ils ont quitté la Côte d'Azur et les Allemands sont arrivés immédiatement après.

Il n'y avait plus de Zone libre ?

Il n'y avait plus de Zone libre[1]. La Zone libre a été supprimée en novembre 1942. Et dès que la Gestapo[2] est arrivée à Nice, elle a commencé à arrêter des Juifs. Il y avait

---

[1] La partie de la France non-occupée par les Nazis au commencement de la Guerre (1940-1942).
[2] Police secrète du régime nazi.

beaucoup de Juifs à Nice parce qu'ils étaient bien traités par les Italiens qui n'étaient pas antisémites. Et quand la Gestapo est arrivée, ils ont commencé à arrêter en masse des Juifs.

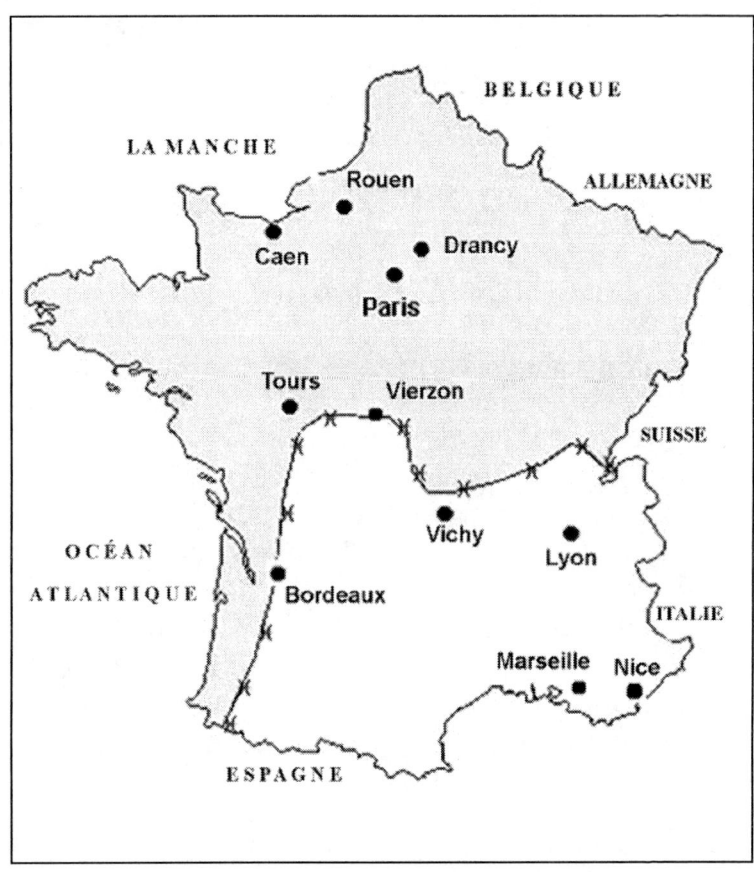

La France en 1942, avec la Zone occupée au nord et la Zone libre au sud.
(Carte adaptée d'Idrac 2004, 89)

2) L'ARRESTATION DE MARCEL JABELOT

C'est à ce moment-là que nous avons été arrêtés. Moi, j'ai été arrêté autour du 25-26 septembre 1943 à Nice avec mon père qui avait 41 ans, ma mère qui avait 39 ans, et ma grand-mère qui avait 78 ans. Nous avons été arrêtés dans notre appartement par la Gestapo. Bon, je passe très rapidement.

Comment est-ce qu'ils savaient que vous étiez là ?

Alors, certainement nous avons été dénoncés. Certainement nous avons été dénoncés. Il y a eu beaucoup de dénonciations.

Par des Français ?

Par des Français très certainement. Il y a eu beaucoup de dénonciations parce que je ne vois pas comment ils auraient pu savoir parce que les Allemands, vous savez, s'ils n'avaient pas d'indications, ils ne savaient pas où demeuraient les gens, où ils étaient, combien ils étaient... ils ne pouvaient pas. Il fallait qu'ils aient des indications. Alors, les Allemands, ils avaient ou des dénonciations des Français ou ils avaient des listes que leur donnait la police française, l'administration française. Parce que, malheureusement, la police française a beaucoup beaucoup aidé les Allemands. Malheureusement, il faut dire la vérité ! La police française a arrêté beaucoup beaucoup de Juifs, étrangers en majorité, et puis même des Juifs français. Et ensuite, ils les ont donnés aux Allemands. Ça c'est aussi une vérité historique, n'est-ce pas ?

Deuxième arrestation massive de Juifs à Paris 20 août 1941. © BHVP / Fonds France-Soir

3) DRANCY

Donc, nous avons été arrêtés et, à ce moment-là, nous avons été amenés de Nice à Drancy. Drancy, c'est à côté de Paris. Drancy, c'était un camp d'internement où il y avait là uniquement des Juifs — évidemment des femmes, des enfants, des gens malades, des bébés, il y avait toutes catégories de gens — une majorité de Juifs étrangers, mais il y avait également pas mal de Juifs français. On ne travaillait pas à Drancy. On faisait juste des petits travaux — ce qu'on appelle en français des corvées — des petits travaux pour balayer la cour, pour faire la cuisine, pour nettoyer. C'était pas dramatique. La nourriture était convenable. Enfin, nous étions prisonniers. Ce n'était pas la liberté, n'est-ce pas ? Et chaque semaine, même plusieurs fois par semaine, les

Allemands rassemblaient des gens pour être déportés[3]. C'était généralement des convois de mille personnes — femmes, enfants, vieillards, personnes malades. Chaque fois, le convoi était constitué de mille personnes. Et nous sommes partis de Drancy le 26 octobre, 27 octobre 1943.

Barrière au camp de Drancy.
Ministère de la Défense, Collection D.M.P.A.

4) LE TRAJET À AUSCHWITZ[4]

Le train était constitué par des wagons de marchandise, ce n'était pas des wagons de voyageurs, c'était des wagons de marchandise. Sur le sol, il y avait de la paille. Normalement, ces wagons étaient prévus pour les transports

---

[3] Être envoyé dans un camp de concentration.
[4] Camp de concentration en Pologne.

militaires et chaque wagon était prévu pour quarante personnes. Et nous, nous étions environ cent personnes par wagon. Dans les wagons, il y avait des femmes, des enfants, des bébés, des personnes âgées, des gens malades...Donc, de la paille par terre... dans un coin du wagon, il y avait un tonneau pour la toilette et il y avait donc comme ça un train qui devait avoir environ dix wagons, c'est-à-dire mille personnes. Le train était gardé par des SS allemands[5]. Donc, nous sommes partis de Paris. Et nous avons donc commencé ce voyage. Nous ne savions pas où nous allions. On nous avait dit : « Vous resterez en famille. Vous allez aller en Pologne travailler dans des fermes, dans des entreprises agricoles. » On ne savait pas. Mais on nous avait dit : « Vous resterez en famille. Vous resterez ensemble. Ne vous inquiétez pas, vous allez travailler. Si vous travaillez, il n'y aura pas de problème. »

Parce que vous savez, on est resté une nuit et deux jours. Déjà c'était le mois d'octobre, il commençait à faire froid. Il y avait des gens malades, et puis il y avait des gens âgés, des gens qui avaient peur, des bébés qui criaient, et il n'y avait aucun confort. On ne pouvait pas se tenir convenablement, puis il y avait des gens qui avaient soif, des gens qui avaient faim, et puis il y avait tout ce mélange de personnes. C'était une situation déjà tragique. On sentait que quelque chose de grave allait se produire, vous comprenez, et puis le train s'est arrêté et nous sommes arrivés à Auschwitz-Birkenau.

5) L'ARRIVÉE À AUSCHWITZ

Vous savez qu'à Auschwitz il y a le camp de concentration d'Auschwitz et à 3-4 kilomètres[6] il y a un autre camp de concentration — une annexe du camp — qui s'appelle Birkenau, n'est-ce pas ? À Birkenau, il n'y avait que

---

[5] Police militarisée du parti nazi, créée en 1925 comme garde personnelle d'Hitler.
[6] Unités pratiques de distance (un kilomètre = 0,6 miles).

des Juifs. Donc, on est arrivé là, très tôt le matin. Ça devait être 5-6 heures du matin. Les SS ont ouvert les portes des wagons et on a commencé à nous faire descendre et alors là on a entendu des cris en allemand. Les SS nous parlaient en allemand et tout le monde ne comprenait pas l'allemand. Puis ils nous ont donné des coups avec des fusils[7] pour nous faire descendre plus vite. Il y avait des chiens qui aboyaient. Enfin, tout ça était absolument épouvantable. Puis il fallait sauter du wagon. Le wagon était haut. Il n'y avait pas de marches pour descendre. Il fallait sauter du wagon. Alors, les personnes âgées pour sauter du wagon, une femme avec son bébé ne peut pas sauter du wagon. Alors, il y avait des gens qui sautaient, qui tombaient par terre, d'autres qui sautaient, qui tombaient sur les autres. C'était épouvantable !

Enfin voilà, donc on est descendu de ce wagon et on nous a mis en rangs — d'un côté les hommes, de l'autre côté les femmes et les enfants ; et puis on a commencé à marcher comme ça, et tout au bout du quai il y avait là des officiers allemands, très jeunes, d'ailleurs, qui devaient avoir vingt-cinq ans peut-être, très bien habillés, presque souriants. Je n'ai plus vu ni ma mère ni ma grand-mère ; je suis resté avec mon père. Et puis, on est entré comme ça dans le camp à Birkenau. Il faisait très froid parce qu'à ce moment-là en Pologne il devait faire moins 25, moins 28 degrés centigrade[8]. Il faisait très très froid.

Enfin, on est entré dans le camp et très rapidement, on nous a fait courir vers un bâtiment où l'on nous a dit : « Déshabillez-vous ! Vous allez prendre une douche. » Nous nous sommes déshabillés et, une fois déshabillés, on avait plus froid. On a pris une douche, après ils nous ont fait sortir tout nus d'une baraque pour aller courir à une autre baraque. Tout nus ! C'était horrible. Et on nous a dit : « Laissez vos

---

[7] Armes à feu à long canon.
[8] Celsius. Dans le système anglo-saxon :
Fahrenheit = 9/5 Celsius + 32.

vêtements là. Vous retrouverez vos vêtements tout à l'heure. »

6) LE TATOUAGE

On est arrivé dans une autre baraque. Là on nous a tondus — enlevé les cheveux — tous les poils partout sur tout le corps, c'était épouvantable ! On ne se reconnaissait même pas, si on vous coupe les cheveux partout — le poil partout — là, là, sur tout le corps. Et puis on nous a fait encore sortir de cette baraque — toujours tout nus — et nous sommes passés devant d'autres détenus qui étaient déjà arrivés là avant nous, d'autres prisonniers qui étaient habillés dans des costumes rayés[9], des pyjamas, et qui étaient assis sur des tabourets[10] et on devait passer avec le bras gauche devant eux et ils nous ont tatoué un numéro, tel que ce numéro-là.

Vous l'avez toujours gardé ?

Voilà, tel que ce numéro-là. Vous voyez ? Voilà comment ils nous ont tatoués, n'est-ce pas ? Alors, ce fut une scène épouvantable ! Tatouer un numéro. Alors, on a tout de suite compris que nous perdions toute identité. Nous n'étions plus des individus, nous étions des numéros. On nous a encore fait sortir de la baraque — toujours tout nus — pour aller dans une autre baraque et là on nous a distribué des vêtements. C'était des vêtements rayés. Ce n'était pas des vêtements de laine. C'était des vêtements dans une fibre artificielle qui ne chauffaient pas du tout.

7) LA PREMIÈRE NUIT

On nous a fait entrer dans une baraque où il y avait des lits superposés en bois à trois étages (trois ou quatre étages).

---

[9] Uniformes des prisonniers dans les camps de concentration.
[10] Siège sans dossier ni bras.

Chaque lit avait un matelas de paille avec une couverture et voilà, on nous a fait dormir là. Et puis, la première nuit, on nous a réveillés en pleine nuit. On criait : « Sortez ! Sortez ! Réveillez-vous ! Réveillez-vous ! » Alors, on s'est réveillé en pleine nuit. On était très fatigué, affolé, on avait très peur. On nous a fait sortir dans la cour la nuit. Il faisait encore plus froid et on est resté là une demi-heure debout sans bouger. On attendait. Et puis, ils ont dit: « Vous pouvez rentrer. » Encore, on est rentré, on s'est couché, on a dormi peut-être encore deux heures et ils sont revenus : « Réveillez-vous ! Sortez ! Sortez ! » — trois fois comme ça. On était mort de fatigue. Tout ça pour nous faire peur, pour nous mettre en condition psychologique, vous comprenez ? Pour créer la peur.

8) LA NOURRITURE

Alors, moi, j'étais toujours avec mon père. On a commencé à nous donner de la nourriture. La première nourriture qu'on nous a donnée était une soupe, une soupe avec ce qu'on appelle en français des rutabagas — c'est ce qu'on donne aux cochons, vous savez — c'est pas de la pomme de terre, c'est pas des légumes, c'est pas des carottes, c'est la nourriture qu'on donne aux cochons... qui n'avait aucun pouvoir, aucune vitamine, rien du tout. Je vous rappelle que moi, quand j'ai été déporté, j'avais dix-neuf ans. Donc, j'étais en pleine croissance[11]. J'avais besoin de sucre, de lait, de viande, de fruit, comme tout le monde. Donc, c'est la première nourriture que nous avons reçue. La nourriture dans les camps de concentration était très insuffisante, tellement insuffisante que quand moi je suis rentré de déportation je pesais trente-cinq kg[12]. En quoi consistait cette nourriture ? Une soupe, un petit morceau de pain, et le matin ce qu'ils appelaient du café. Ce n'était pas du café. C'était de

---

[11] En train de grandir.
[12] Un kilo (kilogramme ou kg) = 2,2 livres

l'eau noire, mais ce n'était pas du café. Et un petit morceau de margarine. Et, de temps en temps, un petit morceau de saucisson.

9) BIRKENAU

Voilà, on est resté quelques jours à Birkenau, mon père et moi, et on a été ensuite envoyé dans un autre camp à sept ou huit kilomètres de là, dans un camp de mineurs. C'était à côté d'une mine de charbon. Donc on nous a envoyés dans ce petit camp. C'était un camp qui n'avait pas beaucoup de personnes ; il y avait peut-être cinq à six cents personnes dans ce camp. Uniquement des hommes, n'est-ce pas ? Les femmes étaient dans un autre camp ; elles n'étaient pas dans le camp où nous étions nous, pour travailler à la mine.

Je voudrais être précis. En ce qui concerne ma mère et ma grand-mère, j'ai su un ou deux mois après que toutes les femmes qui avaient été mises à notre arrivée de côté dans un groupe avaient été immédiatement envoyées à la chambre à gaz à Birkenau. Elles étaient gazées pratiquement tout de suite à l'arrivée. Sur les mille personnes qui constituaient notre convoi quand nous sommes arrivés, nous sommes seulement entrés, je crois, près de cinq cents. Et les cinq cents autres ne sont pas entrés dans le camp ; ils ont été immédiatement gazés. Vous voyez, le drame, c'est que tout le monde n'entrait pas dans le camp de concentration. Dès l'arrivée, il y avait déjà une extermination. Parce que sur mille personnes, il n'en entrait pratiquement que la moitié. Je parle de mon convoi. Il y a des convois où personne n'entrait dans le camp ; ils étaient immédiatement exterminés. Tout le convoi était exterminé parce que des fois à Auschwitz, il n'y avait pas assez de place. Et quand il n'y avait pas de place, les Allemands ne se compliquaient pas l'opération. Ils exterminaient directement les gens qui arrivaient. Voilà la méthode.

10) LA MINE DE CHARBON

Donc, je reviens... Nous sommes, mon père et moi, dans ce camp de mineurs et là on commence à nous envoyer à la mine pour travailler. Alors moi, je n'avais jamais connu ce que c'est qu'une mine de charbon. Vous savez, c'est quelque chose d'épouvantable, travailler dans une mine de charbon. Pour vous donner quelques précisions techniques, d'abord la mine où nous sommes descendus était une mine qui avait été fermée avant la guerre parce que c'était une mine dangereuse que les Allemands ont ouverte pendant la guerre pour envoyer des Juifs travailler. Donc, j'ai travaillé dans cette mine de charbon pendant plusieurs mois.

Ça devait être novembre, décembre, janvier — jusqu'en février 44. Entre-temps, mon père a été envoyé dans un autre camp. Je n'ai jamais eu de nouvelles de mon père non plus. Je ne sais pas ce qu'il est devenu. Je n'ai jamais eu de nouvelles.

11) L'ARCHITECTE BELGE

Moi, par chance — j'ai eu beaucoup de chance — on m'a sorti de la mine et on m'a mis dans un atelier de menuiserie[13]. Donc, je me trouvais seul dans ce camp. Heureusement, la chance que j'ai eue, moi — j'ai encore eu une chance — c'est que mon père avait fait la connaissance dans ce camp d'un Juif belge qui était architecte, qui était de Bruxelles[14], et mon père lui avait dit : « Si je suis séparé de mon fils, tu veilleras sur lui. Tu feras attention à mon fils. » C'est grâce à cet architecte belge qui a veillé sur moi, qui m'a aidé, qui m'a protégé en quelque sorte... C'est comme ça d'ailleurs que j'ai pu sortir vivant de tout ça.

---

[13] Endroit où l'on produit des objets en bois.
[14] Capitale de la Belgique.

Est-ce que lui a survécu aussi ?

Lui a survécu aussi. Il est en Israël actuellement. C'est un monsieur qui a maintenant quatre-vingt-deux ou quatre-vingt-trois ans. Il a pu m'aider parce que lui dans le camp, il a eu une fonction. Les Allemands avaient besoin d'un architecte et ils l'ont utilisé comme architecte. Parce qu'il avait une fonction, il avait une meilleure position. Vous savez, dans un camp, c'était une petite société. Vous avez des personnes qui avaient une bonne fonction, qui travaillaient à la cuisine, qui travaillaient comme architectes, qui travaillaient comme électriciens. Donc, ceux qui avaient une fonction, ils étaient déjà dans une meilleure situation. Ils n'étaient pas battus parce que, dans les camps, on battait sans arrêt. On battait, on battait — pour rien, pour rien. Tout le système concentrationnaire c'est des cris et des coups et la faim. Voilà les mots de base du camp.

Donc, j'ai travaillé comme cela dans ce camp jusqu'en janvier 1945. Donc j'étais arrivé là-bas en octobre 43. Je suis resté presque dix-sept ou dix-huit mois. Et en janvier 45 les Russes approchaient. Ils ont fait une grande offensive du côté polonais et on entendait déjà le canon de l'armée soviétique.

12) LA MARCHE DE LA MORT

Et à ce moment-là, les Allemands ont commencé à avoir peur. Et ils ont décidé d'évacuer le camp, d'amener vers l'Allemagne — vers le centre de l'Allemagne — d'amener tous les prisonniers. Et a commencé à ce moment-là, exactement le 18 janvier 1945, ce qu'on appelle historiquement la Marche de la mort. Pourquoi ? Parce que les Allemands quand ils nous ont sortis des camps, ils ont commencé à nous faire marcher à pied. Et en janvier 45 à Auschwitz il faisait une température épouvantable — très très froid. Nous étions déjà tous très fatigués parce que c'était la fin de notre vie concentrationnaire. Donc, on était déjà épuisé. Moi, je pouvais à peine marcher. J'étais très très fatigué. Et tout le monde était comme cela. Vous comprenez ? Je rappelle qu'à ce moment-là je pesais trente-cinq kg.

C'était les pires conditions pour arriver à marcher et on a commencé à nous faire marcher comme ça. Celui qui ne pouvait pas marcher, celui qui tombait, immédiatement un soldat arrivait et lui tirait une balle dans la tête. Ils ne voulaient laisser personne derrière eux. Dès que quelqu'un ralentissait ou ne pouvait plus marcher, immédiatement il avait une balle dans la tête.

Donc, on a marché comme ça. Beaucoup de gens sont restés parce qu'ils ne pouvaient pas marcher. On a marché une journée, une nuit, une autre journée. On a dû marcher une nuit et deux jours, on a marché comme ça. Mais à un certain moment, les Allemands sentaient que les Russes arrivaient rapidement et ils ont voulu aller plus vite. Ils ont vu qu'à pied, ça n'était pas assez rapide. Ils nous ont fait monter sur un train et là ce n'était pas des wagons normaux, c'était des wagons métalliques, ouverts, qui sont normalement utilisés pour le transport de charbon.

Donc, ils nous ont fait monter dans ces wagons ouverts. N'oubliez pas qu'au mois de janvier 45, la neige tombait. Ils nous ont fait monter dans ces wagons et le train a commencé à partir et là, dans ces wagons, nous étions serrés, extrêmement serrés. On pouvait à peine bouger. Et le voyage a commencé et à ce moment-là ça fut terrible, parce que nous n'avions pas mangé, nous avions soif, nous avions froid, nous étions fatigués, nous étions serrés les uns contre les autres. Il y en avait qui tombaient et ceux qui tombaient ne pouvaient pas se relever parce que nous étions là et on marchait dessus, vous comprenez ? Il y en a beaucoup qui sont morts comme ça, dans ce train.

On a passé une nuit comme ça dans le train. Ensuite le train s'est arrêté. On nous a fait descendre des wagons et on a commencé encore à marcher — ceux qui étaient survivants, parce qu'il y en a beaucoup qui sont morts durant ce voyage, n'est-ce pas ? Et ceux qui étaient survivants, on a commencé à marcher et les Allemands nous ont amenés dans une petite forêt. Le nom exact de cette forêt, c'est le Bois des Egersfeld. Je me souviens encore. Nous marchions, nous marchions, on se traînait. On ne marchait pas en réalité, on se traînait.

Toujours en Pologne ?

C'était toujours en Pologne. Et là, c'était l'après-midi. Il devait être 4 heures, 5 heures. La neige tombait et puis soudainement les Allemands ont dit d'arrêter.

On s'est arrêté. On était complètement épuisé et puis à peine on s'est arrêté et les Allemands ont commencé à se tourner vers nous avec leurs mitrailleuses[15] et ils nous ont tirés dessus. Il y avait des milliers de morts. Moi, je suis tombé par terre et j'ai fait comme si j'étais mort. Je n'ai pas bougé. La neige m'a recouvert. Je n'ai pas bougé. J'ai vu autour de moi des gens morts, des gens crier, blessés. Je n'ai pas bougé. Quand je n'ai pu entendre rien du tout, je n'ai pas vu d'Allemands, je n'ai rien entendu, je me suis levé et il n'y avait plus d'Allemands. Et tout autour de moi il y avait des tas de gens morts. La neige avait déjà recouvert tout ça. Il y avait des gens qui criaient. J'ai commencé à marcher dans cette forêt ; je suis devenu fou, j'avais peur, puis j'avais réalisé le miracle d'être sorti de tout ça.

13) LA PAYSANNE POLONAISE

Je vous disais, n'est-ce pas, que nous avons été mitraillés dans cette forêt. Nous nous sommes retrouvés à cinq ou six personnes dans cette forêt. Nous avons commencé à courir. On ne savait pas où aller. Et nous avons marché longtemps

---

[15] Armes automatiques à tir rapide.

dans cette forêt, et puis, à un certain moment, nous avons aperçu une ferme. Nous avons décidé d'entrer dans cette ferme et de nous réfugier dans la grange. Donc, on est monté dans la grange. On est resté là et nous avons donc dormi dans cette grange la nuit. On n'a pas bougé parce qu'on ne savait pas si les Allemands étaient encore dans le village. On avait peur, on avait également peur que les gens de la ferme viennent voir, nous trouvent là et peut-être nous dénoncent aux Allemands. Mais on était tellement fatigué, on avait tellement peur qu'on ne voulait plus bouger. On voulait plus bouger.

Et le matin, on a quand même pris la décision que l'un de nous qui parlait le polonais descende de la grange pour aller parler avec les gens de la ferme, prenne le risque parce que nous étions fatigués, nous avions très faim. C'était la dernière chance pour nous ; il fallait prendre ce risque.

Et l'un d'entre nous qui parlait bien le polonais, un Juif polonais, (nous n'étions que des Juifs) est descendu. Il est allé parler aux paysans et nous avions beaucoup de chance. C'est que le paysan, c'était une femme, une vieille femme avec sa fille. Elles sont tout de suite venues nous amener de la nourriture, de la soupe, des vêtements. Nous avons eu beaucoup de chance. C'était des gens qui ne nous ont pas dénoncés aux Allemands.

Mais elle nous a dit : « Ne bougez pas de là parce que la gendarmerie allemande circule encore dans le village, fait des contrôles, et si on vous trouve là, vous serez tout de suite fusillés — et moi aussi. Je serai fusillée parce que je vous ai autorisés à être chez moi. » Donc, on est resté là et, enfin, on a pu manger correctement — à peu près correctement — pour nous c'était extraordinaire d'avoir du pain, d'avoir de la soupe, de la nourriture à peu près convenable, chaude, et d'avoir des vêtements chauds, des chaussettes chaudes, des chaussettes de laine, un pull-over. C'était extraordinaire.

14) LES RUSSES

Et puis, quarante-huit heures après, les Russes sont arrivés, l'armée russe est arrivée. J'ai été recueilli par l'armée soviétique. Je suis tombé malade par des troubles d'avitaminose. Je rappelle que j'étais à ce moment-là en pleine croissance et que je n'avais pas eu les vitamines normales que j'aurais dû avoir et je suis tombé malade. J'étais paralysé des jambes et l'armée soviétique m'a mis dans un hôpital à Cracovie[16] pour me soigner. J'étais bien soigné, d'ailleurs. Je suis resté là jusqu'à la fin février 1945. Ensuite je suis sorti de cet hôpital et à ce moment-là la guerre n'était pas terminée. Je vous rappelle que la guerre s'est terminée seulement au mois de mai, et nous étions en février 1945.

Je me trouvais à Cracovie. Il y avait là beaucoup beaucoup de prisonniers de guerre, d'Anglais, de Français. Tout le monde qui avait été libéré par l'armée soviétique se trouvait là en attendant de rentrer à la maison. Mais comme la guerre n'était pas encore terminée, on ne pouvait pas rentrer. On restait là, on attendait.

À ce moment-là, il n'y avait pas encore une délégation du gouvernement français. Donc personne ne pouvait s'occuper de nous. Les Russes nous ont rassemblés dans des casernes[17] de l'armée polonaise à Cracovie et dans ces casernes il y avait des milliers de personnes et l'hygiène n'était pas très bonne et il y a eu déjà dans certaines chambres le typhus qui s'est déclaré. C'était très dangereux, surtout quand on était très affaibli comme moi. Si j'attrapais le typhus, je mourrais tout de suite.

---

[16] Ville de Pologne.
[17] Logement des militaires.

15) LA CROIX-ROUGE

J'ai eu une autre chance. J'ai eu beaucoup de chance dans ces moments-là. C'est que je suis allé à la Croix-Rouge polonaise où il y avait une femme qui était là, une Polonaise, qui avait vécu longtemps à Paris, qui parlait très bien le français, qui m'a dit : « Il faut que tu partes de Cracovie parce qu'il faut que tu rejoignes le plus vite possible une autorité française pour avoir la protection française. » Alors, je lui ai demandé : « Mais où se trouve la première autorité française ? » Elle m'a dit : « La plus proche, la première autorité française, se trouve en Roumanie à Bucarest[18]. »

Alors, je ne sais pas si vous voyez sur une carte de géographie — il faudrait que vous regardiez : Cracovie est là et Bucarest est là. Vous traversez toute l'Europe Orientale. J'étais tout seul, je n'avais pas d'argent. Je n'avais pas de voiture. C'était la guerre. J'avais vingt ans et je ne parlais pas le russe et je ne parlais pas le polonais.

Alors, qu'est-ce que vous avez fait ?

Eh bien, vous savez, quand on est très jeune, on fait des folies. Maintenant je ne les referais pas parce que je réfléchis. Quand on réfléchit trop, on ne fait rien. Ça, c'est la grande leçon dans la vie : la réflexion paralyse- — une grande leçon. Eh bien, j'ai dit à cette dame : « Ecoutez, si vous dites de partir, je vais partir. » Et je suis parti. J'ai quitté Cracovie et je suis allé en Slovaquie au sud de la Pologne, en Tchécoslovaquie. Ensuite je suis passé en Hongrie et là j'ai eu encore beaucoup de chance. Je suis tombé sur une organisation américaine qui s'appelle le « JOINT[19] ». Et ils m'ont aidé.

---

[18] Capitale de la Roumanie.
[19] Organisation américaine créée pour aider les Juifs.

16) BUCAREST-ODESSA-MARSEILLE

Ils m'ont transporté jusqu'à Bucarest. À Bucarest il y avait déjà une ambassade française. Donc, j'ai tout de suite eu des papiers français.

Vous avez décidé de retourner en France ?

Alors, j'ai décidé de retourner en France parce que je voulais retrouver ma famille. Je n'avais aucune nouvelle de mon père, de ma mère. Vous savez, dans ma famille, seize personnes ont été déportées. Je suis le seul à être de retour — sur seize personnes. Tantes, cousins, cousines, grand-père, seize personnes !

Donc, je me suis trouvé à Bucarest. J'ai décidé de rentrer en France pour essayer de voir si je pouvais retrouver quelqu'un de ma famille. L'ambassade de France m'a amené jusqu'à Odessa[20] en Russie et à Odessa les Russes nous ont embarqués sur un bateau anglais — un transport de troupes anglais — qui nous a amenés d'Odessa jusqu'à Marseille. Et je suis arrivé à Marseille le 3 mai 1945.

17) L'APRÈS-GUERRE

Quand est-ce que vous avez su que toute la famille était morte ?

Eh bien, je l'ai su quand je suis rentré à Paris et que j'ai attendu et personne n'est revenu. Je suis le seul à être rentré. Malheureusement, c'était la démonstration la plus directe. Personne n'est revenu. Je n'ai jamais eu de nouvelles de personne. Je ne sais pas dans quelles conditions ces personnes-là sont mortes, où elles sont mortes, quand elles sont mortes. Je n'ai jamais su comment mon père est mort,

---

[20] Port en Russie.

mon grand-père, mes tantes, cousins, cousines, oncles. Je n'ai jamais su.

Ensuite, je suis tombé malade parce que la faim et le manque de vitamines ont fait que j'ai attrapé une tuberculose pulmonaire. La tuberculose est une maladie de la misère. Je suis tombé gravement malade et à cette époque-là, en 1945, on ne savait pas comment soigner la tuberculose. C'était une maladie qu'on ne pouvait pas soigner. J'ai été envoyé dans un sanatorium en Suisse. J'ai eu beaucoup de chance d'être envoyé en Suisse, parce qu'en Suisse il n'y avait pas de problème de nourriture. J'ai eu de très bons médecins et on m'a soigné, sans entrer dans les détails techniques. Alors voilà, ensuite je suis rentré du sanatorium. Il a fallu que je travaille parce que mes parents avaient laissé toutes leurs affaires. Nous avons été volés, pillés. J'ai retrouvé très peu de choses, très peu de choses.

18) L'ANTISÉMITISME

Quand vous étiez jeune, par exemple à Nice ou à Paris, est-ce qu'il y avait beaucoup d'antisémitisme ?

Avant la guerre en France, il y avait beaucoup d'antisémitisme[21], il y avait beaucoup de xénophobie[22]. Il y avait une presse, des journaux antisémites importants. Il y avait un journal qui s'appelait *Gringoire* (ce n'était pas un journal, c'était un hebdomadaire qui tirait à peu près à cinq cent mille exemplaires par semaine) qui était ouvertement antisémite. Il y avait des journaux qui paraissaient tous les jours qui étaient ouvertement antisémites. Il y avait beaucoup d'antisémitisme en France avant la guerre.

---

[21] Attitude d'hostilité systématique à l'égard des Juifs
[22] Hostilité systématique à l'égard des étrangers.

20 VISAGES DE LA SHOAH : MARCEL JABELOT

FRANÇAIS ! AU SECOURS !
INSTITUT D'ÉTUDE DES QUESTIONS JUIVES . 21 RUE LA BOETIE . PARIS.

(1941) Paris. Affiche de propagande antijuive apposée dans le métro par l'Institut d'Études des Questions Juives (inauguré le 11 mai 1941).
BHVP / Fonds France-Soir.

Vous savez, quand il y a eu les premières mesures antisémites prises par le gouvernement du Maréchal Pétain de Vichy[23], les gens étaient indifférents. Les gens n'ont pas réagi. Mais, à partir de 43, de 1943, l'atmosphère a changé. Les gens commençaient à réaliser le drame qui avait été fait contre les Juifs, la situation dramatique, et là il y a eu déjà des prêtres qui ont commencé à cacher des Juifs. Il y avait des Français qui ont commencé à cacher des Juifs aussi, à aider des Juifs. C'est vrai. Il y a eu ça. Il faut dire la vérité.

Mais moi, je pense que ça a été une réaction tardive[24]. Maintenant, en 1943 peut-être que des gens aussi ont commencé à penser que l'Allemagne allait perdre la guerre, parce que l'Allemagne a commencé à subir les premières

---

[23] Gouvernement collaborateur établi en France et mené par son chef, le Maréchal Pétain.
[24] Longue à venir.

défaites en 43. Je ne sais pas. Moi, je pense que la réaction des Français pour protéger les Juifs a été tardive. C'est seulement en 1943 qu'il y a eu un changement d'atmosphère. Voilà ce que je crois, moi, personnellement.

Mais au début les Français ont été indifférents. Et je répète, il y avait un antisémitisme très fort en France avant la guerre. Vous savez, quand les Allemands sont arrivés le terrain était déjà très bien préparé, le terrain était très bien préparé. Moi, je dis qu'en réalité Hitler, il a réussi à achever le travail qui avait déjà été commencé bien avant. Il a terminé le travail. Et pendant l'affaire Dreyfus[25] c'était dramatique, l'antisémitisme qu'il y a eu en France, absolument dramatique. Et il restait quelque chose dans l'esprit. Vous savez, l'affaire Dreyfus c'était 1890–1894, mais celui qui avait dix ans, douze ans, quinze ans, quel âge il avait en 1940 ? Il se souvenait de ça. Il y restait quelque chose. Donc, les esprits étaient préparés. Les gens pensaient que les Juifs étaient des êtres dangereux.

Mais ce qui est plus dramatique, la conclusion de tout cela, c'est que les gouvernements des pays occidentaux, les gouvernements savaient et ils n'ont rien fait.

---

[25] Officier français juif accusé (puis acquitté) d'espionnage.

DEUXIÈME PARTIE

19) LE RETOUR À PARIS

Vous avez l'air d'un homme heureux.
Comment avez-vous repris la vie après Auschwitz ?

Bien, j'ai l'air d'un homme heureux. Vous me voyez cinquante ans après, cinquante ans après. Si vous m'aviez vu en 1945, je n'avais pas l'air heureux du tout. D'abord, je suis revenu...j'avais vingt et un ans. J'étais en condition physique très mauvaise parce que, quand je suis sorti d'Auschwitz, des camps de concentration, je pesais peut-être trente-cinq kg. Et quand je suis revenu en France, le plus grand malheur ça a été de constater que ma famille n'était pas là. Et le plus grand malheur ça a été de constater que sur les seize personnes de ma famille qui ont été arrêtées, j'étais le seul à être rentré. Et ce malheur est tellement grand que même encore aujourd'hui, il ne se passe pas de jours sans que je ne pense à ma famille, et spécialement à mes parents évidemment. Mais quand je suis rentré de Suisse à Paris j'étais tout seul, je n'avais pas de parents, pas de famille, pas d'argent. Je ne pouvais pas reprendre mes études de médecine. Il a fallu recommencer la vie. Ce qui m'a sauvé, c'est que, quand on a 21 ans, vous savez, tout est beaucoup plus facile. Si une chose comme ça m'était arrivé à quarante ans, je ne sais pas ce que j'aurais fait. Peut-être que je n'aurais pas pu tenir, peut-être que je serais tombé en dépression, et peut-être même que je me serais suicidé. C'est possible. Mais, à 21 ans, vous savez, la vie reprend vite le dessus, comme on dit. Et puis il faut dire aussi que c'était après la guerre en France, la période de la Libération. On était resté occupé pendant quatre ans, quatre ans où les gens ont eu peur. Ça a été une occupation très dure, surtout pour les Juifs. Donc, après, quand on est revenu, c'était la Libération. Alors, tout le monde a voulu vivre, tout le monde a voulu s'amuser. À vingt et un ans, évidemment, la vie prend vite le dessus, vous comprenez ?...

20) LE TRAVAIL

Et puis, j'ai cherché du travail. J'ai appris l'expertise d'immeubles[26]. Et je suis devenu un bon spécialiste de ça. Et après, quand j'ai bien appris le métier, j'ai bien gagné ma vie. J'ai dit : « Ce n'est pas la peine que je reste employé, je vais créer ma propre société[27]. » Et avec un ami, nous avons créé une société et j'ai travaillé pour moi dans cette société. Je suis devenu mon propre patron. Et j'ai travaillé comme ça dans cette société jusqu'à l'âge de soixante ans. Enfin, ça a bien marché et j'ai toujours dit que si j'avais la chance à soixante ans d'avoir les moyens de m'arrêter, je m'arrêterais. Parce qu'en réalité, vous savez, la véritable personnalité revient toujours ; votre personnalité, elle prend toujours le dessus. Elle revient toujours à la surface. En réalité, je n'ai jamais été un commerçant. Je n'avais jamais eu l'esprit commerçant. J'y ai été forcé, il fallait que je gagne ma vie, mais je n'ai jamais été un commerçant.

Moi, je pensais toujours reprendre des études. Mais je savais que, malheureusement reprendre les études, c'est un luxe. Il faut en avoir les moyens. Je savais très bien que je n'allais pas reprendre les études de médecine. C'est très long, c'est très spécialisé. Et il ne faut pas oublier qu'à Auschwitz j'ai beaucoup perdu la mémoire ; j'ai perdu les moyens intellectuels à vingt et un ans, avec tous les problèmes d'avitaminose, de manque de nourriture, et mes cellules cérébrales n'avaient plus la même force que si j'avais été un garçon normalement nourri. Vous comprenez ? Donc, je savais très bien que je n'avais plus les mêmes capacités intellectuelles. Donc, je ne pouvais pas prétendre à des études compliquées.

---

[26] Estimation de la valeur des bâtiments.
[27] Entreprise.

21) LA SORBONNE

Donc, j'ai toujours pensé que, si à soixante ans j'avais les moyens de m'arrêter, eh bien, je redeviendrais un étudiant et j'étudierais ce que je pourrais étudier. Voilà. Et encore une chance, c'est qu'à soixante ans j'ai eu les moyens de le faire et je me suis arrêté de travailler à soixante ans ; et là j'ai commencé une autre vie. J'ai même commencé tellement une autre vie différente que j'ai même déjà oublié la première vie. J'ai oublié les affaires, le business, tout ça. Dans ma mémoire c'est complètement de côté.

Qu'est-ce que vous étudiez ?

Alors j'étudie depuis dix ans l'histoire, surtout l'histoire contemporaine parce que je veux comprendre. Je veux essayer de comprendre comment Auschwitz c'est possible, comment la Shoah[28] c'est possible, pourquoi j'ai été victime, pourquoi on a tué ma famille uniquement parce qu'ils étaient juifs. Pourquoi ?

Qu'est-ce qui s'est passé en Europe ? Il faut quand même comprendre une chose, c'est que tout ça s'est passé en Europe, dans un continent ultra-civilisé et en plus, tout ça s'est passé en Allemagne qui est le pays qui a donné les plus grands philosophes, les plus grands musiciens, les plus grands penseurs. Dans un pays ultra-civilisé. Comment est-ce possible ? La grande leçon de tout ça, c'est que ni la religion ni la culture n'ont empêché ça. Quand on apprend l'histoire, on s'aperçoit d'une chose. C'est que toutes les élites européennes ont collaboré à l'hitlérisme. Elles ne se sont pas opposées à l'hitlérisme. C'est ça la chose qu'il faudrait étudier, que les historiens, les philosophes, les penseurs doivent étudier : pourquoi la religion et la culture n'ont pas empêché ce drame ?

---

[28] L'Holocauste en hébreu.

Donc, vous n'avez pas trouvé de réponse ?

Je cherche. C'est pour ça que je continue à étudier. Vous comprenez ? Hitler a trouvé une situation très favorable pour entreprendre ces crimes. Parce que vous aviez beaucoup de gens qui disaient que ce qu'on faisait aux Juifs dans le fond c'était normal, parce que les Juifs avaient tué le Christ. Ils avaient tué Jésus. Donc, c'était la punition.

Donc, pour revenir un peu à ce que je vous disais, le drame, c'est que ni la religion ni la culture n'ont empêché la Shoah. En réalité, c'est la faillite des religions, la faillite de la culture.

22) LA PERTE DE LA FOI

Maintenant, on peut poser une question terrible aussi — qui concerne toutes les religions. Qu'est-ce qu'a fait Dieu à Auschwitz ? Où était Dieu ? Où était Dieu à Auschwitz ? Qu'est-ce qu'il faisait lorsqu'on brûlait des femmes et des enfants ? Pendant qu'on gazait des femmes et des enfants, où était Dieu ? Je vais vous dire, quand je suis revenu d'Auschwitz, j'ai conclu personnellement — ça n'engage que moi, c'est ma réponse personnelle — c'est que si Dieu existe, il a une culpabilité épouvantable d'avoir laissé se produire la Shoah. Parce que laisser brûler des femmes et des enfants, c'est terrible. Ça, c'est la première conclusion. Et croire en Dieu après Auschwitz, vous savez, c'est un grand problème.

Et puis il y a une chose aussi qui était horrible pour moi, c'est quand je suis rentré d'Auschwitz, qu'après Auschwitz je n'ai plus eu confiance dans l'homme. Ça, c'est un problème : l'humanité. L'humanité a été capable de faire cela et de laisser faire ça... parce que (on ne va pas redire tout ce que nous nous sommes déjà dit) les gens savaient en 1942. On savait tout.

26 VISAGES DE LA SHOAH : MARCEL JABELOT

Souvenir du groupe Saint-Mandé, 18 décembre 1943. Ministère de la Défense, Collection D.M.P.A.

Est-ce que votre attitude en ce qui concerne l'homme a changé ?

Eh bien, voyez-vous, la première conséquence de tout cela, c'est quand je me suis marié, je n'ai pas eu envie d'avoir d'enfants. Parce que je me suis dit que si l'humanité est capable de faire ce que j'ai vu, elle est peut-être capable de le faire une deuxième fois. Si j'ai des enfants, ils risquent d'être victimes de ça. C'est un manque de confiance dans l'homme, je le reconnais.

23) LE MARIAGE

Quand est-ce que vous vous êtes marié ?

Eh bien, j'ai rencontré ma femme en 1971. Et puis, j'ai hésité à me marier parce que je me suis dit dans le fond, avec tout ce qui m'est arrivé, je risque peut-être de rendre ma femme malheureuse, parce que je risque un déséquilibre psychique. Il y a beaucoup de gens qui sont rentrés d'Auschwitz qui ont perdu leur équilibre. Beaucoup se sont suicidés, beaucoup sont devenus fous, beaucoup sont encore en traitement aujourd'hui pour dépression, suivis par des spécialistes. Beaucoup ont des problèmes. Donc, j'ai hésité avant de me marier parce que je ne voulais pas rendre ma femme malheureuse. Mais, on s'est mariés. Et puis, pour le moment ça a l'air d'aller. Il n'y a pas de problèmes. Je ne l'embête pas trop avec mes problèmes. Et puis, ma femme, elle a bien compris mon cas. Elle a réalisé. Nous ne parlons pas trop de tout cela parce que nous ne voulons pas vivre notre vie dans un second Auschwitz. Il ne faut pas non plus dramatiser les situations. J'ai eu la chance d'avoir une femme qui a compris mon cas.

24) TÉMOIGNER

Donc, pour revenir à moi, pour revenir à ma vie, voilà, c'est des bases philosophiques, si je puis dire, de ma vie. Vous comprenez ? Et puis, bon, malgré tout, si on a décidé de vivre, il faut vivre. Sans ça si l'on veut toujours penser à tout cela, on ne peut pas vivre. Mais il ne faut pas oublier. Il ne faut pas oublier. Il faut témoigner[29], c'est ce que je fais. Moi, maintenant, depuis dix ans je vais dans les lycées, je vais chez des jeunes, je témoigne ; j'ai écrit même un récit que je vous ai donné. Je veux témoigner parce que je veux que les gens sachent. Et puis, il faut dire aussi une chose, c'est que tous ces gens qui ne sont pas revenus, tous ces gens qui sont morts sans sépultures[30] — la sépulture, c'est quoi ? C'est la mémoire. Si on les oublie, c'est la victoire d'Hitler.

Cimetière du Père-Lachaise à Paris (Buna-Monowitz [Auschwitz III]).

---

[29] Révéler ce que l'on sait.
[30] Sépulture : lieu où l'on inhume un corps.

Quelle est la réaction des jeunes maintenant ?

La réaction des jeunes, ils sont horrifiés. Ils ne peuvent pas croire, ils ne peuvent pas comprendre pourquoi. Ils ne comprennent pas pourquoi. Ils ne comprennent pas, ils sont horrifiés. Ils me regardent comme si j'arrivais de la lune. Quand je leur raconte tout ça, ils ont beaucoup de peine à me croire. Quand je leur dis que des policiers français ont arrêté des femmes et des enfants, quand je leur dis que des gendarmes français ont séparé les mères des enfants, ils ne peuvent pas croire.

Quand je leur dis que je portais l'étoile jaune[31] pour aller au lycée avec le mot « Juif » ici, à Paris, ils ne croient pas. Ils ne peuvent pas croire. C'est inimaginable, mais c'est comme ça.

Vous venez de fêter votre soixante-dixième anniversaire. Comment vous sentez-vous maintenant ?

Eh bien, écoutez. Je vais vous dire quelque chose. Mon corps a peut-être soixante-dix ans, mais mon esprit n'a pas encore soixante-dix ans. Moi, je me sens toujours « jeune » (il ne faut pas exagérer). Mais enfin, physiquement je me sens bien. Je pense que rester jeune, c'est deux choses : avoir soif de beaucoup de choses et avoir encore la capacité de s'indigner devant beaucoup de choses. Quand on a perdu sa capacité d'indignation, on est déjà vieux, très vieux.

---

[31] Tous les Juifs en Zone occupée ont été obligés de porter l'étoile jaune à partir du 28 mai 1942.

25) LES LEÇONS

> *Qu'est-ce que vous avez envie de dire aux jeunes qui vont écouter votre témoignage ?*

Je vais vous dire, la grande leçon de tout cela, c'est qu'à la minute où l'on ne respecte plus son voisin, on ne regarde pas son voisin comme un homme — comme une personne estimable, respectable — c'est le début du nazisme. Voilà. Il faut respecter l'autre, il faut essayer de comprendre l'autre. Tout le monde a des problèmes. Il faut essayer de comprendre. Et si un dirigeant politique[32] commence à prendre le pouvoir et à vouloir faire des discriminations entre des individus parce que l'un est noir, l'autre est juif, le troisième est tzigane[33], le quatrième est asiatique, c'est le début d'une dictature. C'est le début du fascisme.

Voilà. Moi, je crois que c'est ça, le conseil que je donne à des jeunes. Il faut pas être agressif, il faut pas être méchant, il faut pas être jaloux. Lorsqu'on a des amis autour de soi, l'amitié est une chose très importante ; on ne peut pas vivre sans amis. On ne peut pas vivre sans amour ; d'ailleurs, on ne peut pas vivre sans tendresse, sans affection. Donc, si on veut recevoir, il faut donner. Vous voyez, c'est peut-être une philosophie un peu terre à terre[34], un peu simple, mais on n'a pas besoin d'être un très grand philosophe pour comprendre ça. En tout cas, c'est la leçon.

Je vais vous dire, à Auschwitz, évidemment, c'était terrible, mais la grande leçon à Auschwitz c'est que quand j'avais quelqu'un qui me donnait un tout petit morceau de pain comme ça, il m'a sauvé la vie. Il m'a sauvé la vie. Donc, dans la vie de tous les jours — Dieu merci, on n'est pas « Auschwitz » — mais au lieu de donner un petit morceau de

---

[32] Chef d'état.
[33] Gitan.
[34] Matérielle et peu poétique.

pain comme ça, on peut donner un sourire. Si vous donnez un sourire, c'est un grand morceau de pain, le sourire.
    Voilà.

DISCOURS DE 1995, 1996, 1997

Le mardi 14 mars 1995 :

Remise de la Croix de Chevalier de la Légion d'Honneur à Marcel Jabelot

ALLOCUTION DE CHARLES PALANT
prononcée à Paris, Pavillon Dauphine

Chers amis, chers camarades,
Cher Marcel,

Avec tous tes amis, je me suis réjoui en apprenant ta nomination au grade de Chevalier dans l'Ordre de la Légion d'Honneur. Je ne peux pas redire ici combien j'ai été touché que tu m'aies demandé d'être ton parrain...

(Monsieur Palant fait hommage à Marcel Jabelot et nous rappelle que parmi les soixante-quinze mille Juifs déportés de France, il n'y en avait que deux mille cinq cents qui sont revenus en 1945.)

Nous, les déportés juifs, sommes trois pour cent. Des rafles du Vél d'Hiv, des internés de Pithiviers, de Gurs, de Drancy[35]... Des Juifs qui vivaient à Belleville, à Saint-Paul ou sur les boulevards, à Paris, à Nice, à Toulouse, à Marseille, à Lyon et dans les villages les plus reculés où les avaient débusqués miliciens et gestapistes, délateurs et gendarmes vichystes, nous revenions moins de trois pour cent.

---

[35] Camp d'internement près de Paris ; dit « l'anti-chambre » d'Auschwitz.

Amaigris, squelettiques, nos corps fatigués flottaient dans les premiers vêtements civils. Nous étions assaillis de gens qui voulaient savoir quand ils reverraient les leurs. Dans chaque regard qu'ils portaient sur nous, nous lisions la même interrogation : Pourquoi vous et pas eux ? Comme si nous-mêmes, les trois pour cent, nous-mêmes, témoins miraculés du cauchemar, n'étions pas orphelins et revenants...

...Crois-tu, Marcel, que nous avons eu raison de dénoncer ces ignominies dans le granit et le bronze, au Père-Lachaise, il y a deux ans ? Que serait le devoir de mémoire, que tu sers si bien, s'il se confinait à la lancinante évocation de la catastrophe appelant aux victimes inoubliées la compassion et laissant à l'écart de la vérité le sous-bassement économique du crime, au temps où se confondaient pour le profit des mêmes, la fumée des crématoires et la fumée des haut-fourneaux ?

Il y a un demi-siècle et un peu plus, la Résistance et ses héros sont entrés dans la légende. N'est-ce pas continuer leurs combats que défendre la mémoire de ce qui fut, pour que restent ouverts les chemins de la vigilance et pour demain les voies de l'espérance...

À tes côtés, Danièle, qui te soutient et partout t'accompagne, donne à tes engagements les couleurs de la grâce et du sourire, te permettant ainsi de rester fidèle à toi-même, c'est-à-dire fidèle à nous tous.

Je dois avec plaisir et non sans émotion prononcer la formule rituelle :

> MARCEL JABELOT, AU NOM DU PRÉSIDENT DE LA REPUBLIQUE ET EN VERTU DES POUVOIRS QUI NOUS SONT CONFÉRÉS, NOUS VOUS FAISONS CHEVALIER DE LA LÉGION D'HONNEUR.

(Suite) Le mardi 14 mars 1995

ALLOCUTION DE MARCEL JABELOT
à l'occasion de sa Remise de la Croix de Chevalier de la Légion d'Honneur par Charles Palant

Prononcée à Paris, Pavillon Dauphine

Chers amis, chers camarades,

Merci, Charles, pour ces paroles qui me touchent profondément. J'admire le talent avec lequel tu as pu en quelques phrases faire revivre une existence pleine de péripéties.

Comment, en cet instant, pourrais-je ne pas penser à mes chers parents qui, eux, ne sont pas revenus. Combien ils seraient fiers ce soir ! C'est à eux que je voudrais dédier cette prestigieuse décoration.

Si aujourd'hui, je vois mon action poursuivie de longues années en faveur de la mémoire, mon combat pour la vérite reconnu, et récompensé, je ne puis que m'en réjouir. Cela m'encourage à persévérer.

Cette distinction, je désire la partager avec l'Amicale de Buna-Monowitz que je m'honore de co-présider avec toi, Charles...

**Mémorial au cimetière du Père-Lachaise
(Buna-Monowitz [Auschwitz III]).**

...Pourquoi devons-nous inlassablement témoigner ? Je ne saurais fournir plus belle et explicite réponse qu'en vous lisant un court texte du très regretté André Frossard :

« Le malheur a fait d'eux les témoins du crime le plus inconcevable qui se soit commis sur la terre et ils savent qu'il est leur devoir d'empêcher que le souvenir s'en efface, car la haine n'attend que l'oubli pour recommencer. »

Hitler a failli commettre un crime parfait, non seulement parce qu'il a failli réussir, mais parce qu'il a failli réussir à le faire oublier.

Quand nous nous rendons dans les lycées, les collèges ou en Sorbonne, nos jeunes auditeurs veulent savoir, sont avides de détails. Nous leur apportons ce qu'ils ne trouvent pas dans leurs manuels d'histoire. Nous donnons vie à ces textes. Nous comblons des omissions des auteurs parfois partisans ou timorés. Les lettres touchantes que je reçois de ces adolescents sont ma plus belle récompense. Ils m'écrivent que mon témoignage leur a montré où mènent le racisme, le mépris, la haine, que ce témoignage est une impérieuse incitation à la vigilance.

Mais témoigner n'est pas toujours facile. Indépendamment de l'intense émotion que nous éprouvons à rappeler ce que fut notre séjour à Auschwitz, il nous faut en effet demander à ceux qui nous écoutent d'imaginer l'inimaginable.

Nos récits, souvent, mettent mal à l'aise ou importunent. Nous évoquons des temps peu glorieux : ces temps de compromission, de passivité, d'indifférence. Nous dévoilons l'immensité du crime et les complices zélés qui ont permis son exécution. Nous posons la question : Comment cela a-t-il pu se produire en cette Europe fécondée par vingt siècles de Christianisme, dans le pays le plus civilisé, celui des plus grand philosophes, musiciens, poètes ? Il nous faut bien expliquer que les Nazis ont bénéficié d'un terreau nourri des funestes poisons de la xénophobie, de l'antisémitisme, de ce que Jules Isaac a si bien appelé « l'Enseignement du mépris ».

Ni la religion, ni la culture n'ont empêché tous ces crimes. Mais nos récits ne doivent pas être un cri de désespérance. Certes, nous avons vu la face la plus hideuse de l'humanité, aussi sa face la plus belle, avec ces « Justes[36] » qui, au péril de leur vie, sont venus en aide à nombre d'entre nous.

Non, l'oubli ne doit ensevelir à nouveau ceux qui ne sont pas revenus. L'évocation de leur souvenir, le récit de ce qui s'est passé sur la « planète Auschwitz », doivent servir de sépulture symbolique à ces innombrables victimes innocentes.

Lorsque la poignée de rescapés que nous sommes ne sera plus là, le relais sera pris par des historiens. De brillants universitaires, avec l'autorité que leur confèrent leurs titres, expliqueront le phénomène concentrationnaire. Sauront-ils décrire ce qu'un ancien déporté a appelé « les jours de la mort » ? Diront-ils nos souffrances quotidiennes, nos plus folles espérances ?...

...Je ne finirai pas sans adresser à Danièle, mon épouse, mes remerciements émus pour toute l'aide qu'elle m'a prodiguée, avec patience, compréhension et dévouement durant toutes ces années. Je sais que ce ne fut pas toujours facile, que je lui ai fait connaître de durs moments. Je lui exprime ici toute ma reconnaissance.

Chers amis, le buffet vous attend !

Marcel Jabelot
Mardi 14 mars 1995

---

[36] Des Chrétiens qui ont aidé des Juifs.

**Remise de la Croix de Chevalier
de la Légion d'Honneur.**

Le 28 avril 1996

DISCOURS DE MARCEL JABELOT
à la première de *Visages de la Shoah*
à l'École Agnes Irwin

Mesdames, Messieurs,

Je voudrais tout d'abord remercier Miss Penney Moss, directrice d'Agnès Irwin School, d'avoir donné son accord pour la tenue de cette cérémonie.

Je me tourne avec émotion vers Mrs. Barbara Barnett, qui a réalisé cette vidéocassette. Je tiens à lui dire toute ma reconnaissance et mes chaleureuses félicitations pour le remarquable travail qu'elle a accompli. Elle a fait preuve en recueillant mon témoignage d'une grande sensibilité, de beaucoup de tact et de persévérance. Interviewer un ancien déporté est bien difficile ; il faut prendre bien des précautions et avoir la force de maîtriser les émotions que l'on ressent en abordant de tels événements tragiques. Barbara a recherché des documents dans les archives à Paris, à Washington, exécuté un montage très réussi. Son film sera un très bon outil pédagogique : c'est en cela que réside toute son importance.

Mes remerciements à Toni Banet qui a tenu la caméra avec le talent d'une professionnelle.

Je ne peux pas remercier personnellement chaque élève de la classe de Barbara. Comment vous dire toute l'émotion que j'ai ressentie en recevant leurs lettres et leurs cassettes. C'est les larmes aux yeux que je les ai lues (et écoutées). J'ai admiré leur excellent français et leur grande maturité. Jamais je n'oublierai leur touchante sensibilité.

Je tiens à dire toute ma reconnaissance à tous ceux qui ont contribué à l'« Holocaust Education Project ». Vous avez permis que ce témoignage soit montré à la jeunesse américaine. Ainsi sera assurée la perpétuation de la mémoire et du souvenir. Il sera une arme dans la lutte permanente contre le révisionnisme[37].

Mon témoignage n'est pas seulement un regard vers le passé. Pas seulement une sépulture symbolique pour tous les miens qui n'en ont pas eu. Mais c'est aussi et surtout pour la jeunesse qui regardera ce film une invitation pressante à une réflexion sur le respect de la dignité humaine. À comprendre à quelles folies tragiques les engrenages de l'indifférence, de la lâcheté et de l'intolérance ont conduit. Puisse ce film inciter à la vigilance, c'est mon vœu le plus cher.

« Plus jamais Auschwitz ».

Plaque à Drancy.

---

[37] Dit « négationnisme » : les révisionnistes disent souvent que la Shoah n'a jamais eu lieu.

le 20 juillet 1997

DISCOURS DE MARCEL JABELOT
pour la Journée Commémorative
des Persécutions racistes et antisémites
à Drancy

Monsieur le Préfet,
Monsieur le Président du Conseil général,
Monsieur le Maire,
Mesdames, Messieurs les Élus,
Madame et Messieurs les représentants des Autorités religieuses,
Mesdames,
Messieurs,

Le C.R.I.F., Conseil Représentatif des Institutions Juives de France, m'a fait l'honneur de le représenter, en ma qualité d'ancien déporté, à l'occasion de cette journée nationale à la mémoire des victimes des persécutions racistes et antisémites commises sous l'autorité de fait dite « gouvernement de l'État français » de 1940 à 1944.

Il y a cinquante-quatre ans, le 3 octobre, j'arrivais ici à Drancy, plus précisément au camp d'internement de Drancy.
J'avais dix-neuf ans. Je me trouvais avec mes parents et ma grand-mère paternelle âgée de soixante-dix-huit ans. Nous sommes restés ici à peine un mois. Le 28 octobre 1943, nous fûmes déportés à Auschwitz-Birkenau. Je suis le seul à être revenu de cet au-delà...

Mémorial à Drancy : le wagon.

Mais je suis ici pour rappeler ces journées des 16 et 17 juillet entrées dans l'histoire sous l'appellation Rafle du Vél d'Hiv et que les Nazis — avec le sens de la dérision et le cynisme qui les caractérisaient — avaient nommé « opération vent printanier »...

Le 16 juillet, dès 4 heures du matin, quatre mille cinq cents policiers français, listes de noms et adresses en main, arrivent dans les quartiers de Paris où réside une importante population juive. Ils frappent bruyamment aux portes des modestes logements. Les locataires, à peine sortis de leur sommeil, se trouvent devant des gardiens de paix parisiens et ne comprennent pas ce qui leur arrive. On leur enjoint de préparer quelques affaires le plus rapidement possible. On leur fait savoir qu'ils sont en état d'arrestation. C'est le plus grand affolement : des cris, des pleurs, des supplications, des évanouissements. Ces malheureux ne peuvent croire que des fonctionnaires français arrêtent ainsi sans ménagement des familles entières, parfois des malades et mêmes des grabataires qui seront transportés sur des civières. Des femmes sont traînées sur le trottoir...

Mais qui étaient ces personnes dont la police se saisissait comme de dangereux individus ? Tout simplement des Juifs étrangers qui avaient été contraints de fuir leur pays, victime de l'antisémitisme et de pogroms. Ils étaient venus en France, pour eux, le pays des Droits de l'Homme, de la Révolution française, de la Commune de Paris. Ils se sentaient protégés par la République française. Leurs enfants nés en France étaient donc français. Jamais ils n'auraient pu croire que les autorités françaises les remettraient entre les mains de leurs ennemis déclarés, les Nazis.

Le Président [Jacques] Chirac a trouvé les mots qui conviennent quand il déclare le 16 juillet 1995 :

> « Ces moments, il est difficile de les évoquer parce que ces heures noires souillent à jamais notre Histoire et sont une injure à notre passé et à notre tradition. Oui, la folie criminelle de l'occupant a été secondée par des Français, par l'État français. La France, patrie des lumières et des droits de l'homme, terre d'accueil et d'asile, la France ce jour-là accomplissait l'irréparable, elle livrait ses protégés à leurs bourreaux. »

Durant ces deux journées des 16 et 17 juillet (1942), près de treize mille Juifs furent appréhendés : trois mille hommes, cinq mille huit cents femmes et quatre mille enfants. Plus de cinquante autobus parisiens amenèrent au Vél d'Hiv les familles avec enfants de moins de seize ans soit environ huit mille personnes, les autres directement au camp de Drancy...

Rafle du Vél d'Hiver, les autobus garés le long du Vélodrome d'Hiver ; 16–17 juillet 1942. BHVP / Fonds France-Soir

La Préfecture de Police avait prévu plus de vingt-deux mille arrestations. Elle constate que le chiffre atteint est de treize mille. Il faut dire que de courageux fonctionnaires — avec les risques qu'on imagine — avaient prévenu des amis, des voisins de ce qui allait se produire. Il a fallu alors, à ceux qui avaient pris conscience du piège qui leur était tendu, improviser à la hâte : abandonner leur appartement, leur travail, confier leurs jeunes enfants à de courageux Français, arracher leur étoile jaune et entrer dans la clandestinité. Il faut imaginer les sacrifices tragiques que ces bouleversements représentaient et le courage dont il fallait faire preuve en ces moments de grand péril.

Ces Français qui ont averti, qui ont aidé, qui ont accueilli, caché de très jeunes enfants. Ceux qui ont fait preuve d'humanité, de solidarité, qui ont compris qu'il se produisait l'inadmissible, l'inacceptable, ont non seulement sauvé des vies mais, ce faisant, ils sauvèrent également l'honneur de la France. Nous les appelons les « Justes ». Notre reconnaissance est infinie, notre gratitude est immense à leur égard.

Dès le 19 juillet, à peine deux jours après la rafle, un convoi d'adultes quitte Drancy pour Auschwitz. Leurs familles effarées au camp les voient partir vers une destination inconnue...

Plus tard, avec l'accord du Président du Conseil, Pierre Laval, l'ordre viendra de déporter aussi les enfants. Ils arrivèrent donc seuls à Drancy. Comment décrire ces jeunes enfants, ces bambins errant en pleurs dans la cour du camp ? Très rapidement, ils seront déportés, mêlés à des adultes et seront gazés dès leur arrivée à Auschwitz.

J'ai tenté, en m'obligeant à la sobriété et en évitant l'emphase, de vous décrire ce qui s'est passé en France durant ces journées. La responsabilité des dirigeants de Vichy est immense... Sur les soixante-dix-sept mille Juifs — dont onze mille enfants — déportés de France, à peine trois pour cent sont revenus. C'est d'ici, de Drancy, que la plupart d'entre eux sont partis vers les camps d'extermination...

Il est heureux que le Président François Mitterrand ait institué cette journée nationale du Souvenir, assurant ainsi la sauvegarde de la mémoire.

Pour nous, rescapés de la planète Auschwitz, le devoir de mémoire est sacré. La mémoire, c'est la sépulture de ceux qui sont partis en fumée dans le ciel d'Auschwitz. Il nous faut tout faire pour la sauvegarder, pour qu'elle survive après la disparition des derniers témoins. Ce sera aux futures générations qu'incombera cette responsabilité dont l'importance ne peut vous échapper...

Pour la jeunesse, ces tragiques événements doivent montrer où mènent la discrimination, la disparition des Droits de l'homme, le non respect de l'Autre. Je l'invite à faire preuve de la plus grande vigilance. Les vieux démons assassins sont tapis au fond de nombre d'entre nous. Ils ne demandent qu'à réapparaître à la faveur de la moindre crise qui, comme toujours, provoquera la recherche de boucs émissaires...

C'est en se souvenant que cette jeunesse fera que la France reste fidèle à ses traditions républicaines de justice, d'humanisme et d'accueil des persécutés.

Monument de la rafle du Vél d'Hiv à Paris. Ministère de la Défense. Collection D.M.P.A.

Première lettre :

le 31 janvier 1997

Mademoiselle,

Je comprends que l'étude de l'histoire dans les livres scolaires ne vous suffise pas. En effet, lorsque cet enseignement peut être renforcé par les témoignages de ceux qui ont été mêlés aux événements, les élèves imaginent et comprennent mieux ce qui s'est passé. Et puis on peut poser des questions aux témoins. Ce que vous avez fait dans votre lettre. Je vais m'efforcer de vous répondre.

À aucun moment je ne pouvais imaginer, avant mon arrestation, que j'allais être déporté. Évidemment, j'ai souvent eu peur. Mais cette peur est surmontée quand on a la volonté farouche de survivre. Mes pauvres parents n'ont jamais voulu me montrer que, eux aussi, éprouvaient de la peur. Et moi, je faisais tout pour dissimuler la mienne.

Dans le camp, mon obsession permanente était de faire tout pour revenir, pour revoir les miens, pour raconter ce que j'avais vu, comment d'innombrables innocents avaient été assassinés.

Oui, j'ai tenté de communiquer autour de moi ma volonté de survivre. Et dans le camp, une parole réconfortante pouvait prolonger la vie.

En effet, comme vous l'écrivez en conclusion de votre touchante lettre, vous ne pouvez pas comprendre. Tout simplement parce qu'un esprit « normal » ne peut imaginer de telles horreurs. Surtout une jeune, innocente personne comme vous.

Mais je vous demande de raconter autour de vous ce que mon témoignage vous a appris et surtout de vous indigner et de répondre à ceux qui diront que la Shoah n'a jamais existé.

Maintenant vous savez. Je suis rassuré. Je sais que vous m'aiderez dans mon permanent combat contre l'oubli.

Je vous souhaite une vie heureuse et pleine de bonheur.

Marcel Jabelot

Deuxième lettre :

le 31 janvier 1997

Mademoiselle,

Il est important pour moi que vous ayez vu la vidéocassette de mon témoignage, car c'est la jeunesse d'aujourd'hui qui assurera la survivance du souvenir et fera que l'oubli ne puisse à nouveau engloutir les victimes innocentes de la Shoah.

Je vais tenter de répondre aux intéressantes questions que vous avez bien voulu me poser.

Non, je ne suis pas retourné à Auschwitz qui, dans ma mémoire, reste la plus grande fosse commune de l'humanité où la quasi-totalité de ma famille a péri. Je crains de ne pouvoir revoir ces lieux sans éprouver un choc émotionnel auquel je ne suis pas sûr de résister.

Je ne veux pas retourner en Pologne ou en Allemagne. Ces pays sont dans ma mémoire les pays où trop de crimes inimaginables se sont accomplis contre des personnes qui n'ont eu que le tort d'être nées juives.

Non, les Allemands n'ont pas réussi à me faire « sentir inférieur ». C'est d'ailleurs ce qui m'a donné la force de résister à toutes leurs tentatives de me briser. Je savais que si je me laissais abattre, je ne m'en sortirais pas.

En ce qui concerne Dieu, je ne pense pas qu'il soit nécessaire d'y croire pour survivre. De forts principes moraux, tels que le respect de son semblable, un certain idéal, une certaine confiance en l'homme par contre me paraissent indispensables pour donner un sens à sa vie.

À vous maintenant de prendre le relais de la mémoire. Je vous fais toute confiance.

Je vous souhaite chance et bonheur.

Marcel Jabelot

Troisième lettre :

le 31 janvier 1997

Mademoiselle,

J'ai été très touché par votre lettre dont je vous remercie.

Je comprends très bien que vous ayez voulu revoir la maison où vos ancêtres furent esclaves.

Auschwitz, ce n'est malheureusement pas une « maison de maître ». C'est une véritable entreprise industrielle de mise à mort où plus d'un million de personnes ont été assassinées (dont 15 membres de ma famille) pour l'unique raison qu'elles étaient nées juives.

Vous pourrez comprendre que je ne désire pas revoir cet endroit qui restera pour l'histoire la honte de l'humanité.

En m'y rendant, je n'éprouverais aucun sentiment de « triomphe » — pour reprendre votre expression — mais une profonde angoisse, une immense tristesse, et je ne sais si mon cœur résisterait au choc...

Oui, Hitler a voulu réduire des populations entières en esclavage. Il a été vaincu. Voilà notre véritable « triomphe ».

Je vous souhaite une brillante réussite dans vos études et beaucoup de bonheur dans votre vie.

Marcel Jabelot

GUIDE DU LECTEUR

CHRONOLOGIE

1894–1906	L'Affaire Dreyfus
1939	
1er septembre	Entrée des Allemands en Pologne
3 septembre	Déclaration de guerre de l'Angleterre, puis de la France
1940	
14 juin	Entrée des Allemands à Paris
18 juin	Appel du Général de Gaulle à la Résistance (depuis Londres)
22 juin	Signature de l'Armistice ; les Allemands occupent les 3 cinquièmes du pays (Zone occupée)
23 juin	Visite d'Hitler à Paris
2 juillet	Installation du gouvernement français à Vichy (Zone libre)
10 juillet	Le Maréchal Pétain obtient les pouvoirs constituants
3 octobre	Premier « statut des Juifs »
1941	
2 juin	Deuxième « statut des Juifs »
22 juin	Attaque allemande en U.R.S.S
2 juillet	Début de « l'aryanisation » des biens juifs
20–21 août	Création du camp de Drancy
1942	
18 avril	Laval est nommé chef du gouvernement
28 mai	Obligation du port de l'étoile jaune

16–17 juillet	Grande rafle du « Vél d'Hiv » à Paris ; arrestation de près de 13.000 Juifs
11 novembre	Occupation par les Allemands de la Zone libre
18 novembre	Pétain cède les pouvoirs à Laval
19 décembre	Rencontre Laval-Hitler

1943

31 janvier	Création de la Milice
8 septembre	Capitulation de l'Italie

1944

6 juin	Débarquement des Alliés en Normandie
17 août	Départ du dernier convoi de Drancy pour Auschwitz
25 août	Libération de Paris

1945

18 janvier	Marche de la mort
27 janvier	Libération d'Auschwitz
8 mai	Capitulation allemande

ÉVÉNEMENTS PRINCIPAUX DANS LA VIE DE MARCEL JABELOT

31 mai 1924
Naissance de Marcel Jabelot (Paris)

1937
Bar Mitzvah, synagogue de la rue Notre-Dame-de-Nazareth (Paris)

1941
Premier baccalauréat (Paris)

1942
Baccalauréat philosophie (Lyon) ;
 début d'études de médecine (Nice)

Septembre 1943
Arrestation à Nice avec ses parents et sa grand-mère paternelle, et transfert au camp d'internement de Drancy

27 octobre 1943
Déportation à Auschwitz-Birkenau (convoi n° 61)

18 janvier 1945
Marche de la mort en Pologne

3 mai 1945
Retour en France (voyage en bateau d'Odessa à Marseille)

Octobre 1945–août 1946
Séjour dans un sanatorium à Leysin en Suisse, pour soigner une tuberculose pulmonaire

1971
Marcel fait la connaissance de Danièle Leclercq, qu'il épousera en 1983

Mars 1983
Mariage à Neuilly-sur-Seine

1984
Reprise d'études à la Sorbonne (Paris) — histoire, économie et sociologie — qu'il continuera jusqu'à son décès

1993
Inauguration du monument aux victimes de Buna-Monowitz (Auschwitz III) au cimetière du Père-Lachaise (Paris)

1993–1994
Interviews avec Barbara P. Barnett à Paris

14 mars 1995
Nommé Chevalier de la Légion d'Honneur à Paris

28 avril 1996
Première du film documentaire *Visages de la Shoah* et visites des classes à l'École Agnes Irwin à Rosemont (Pennsylvanie)

23 mars 1999
Décès de Marcel Jabelot à Paris

**Marcel Jabelot dans son appartement
à Neuilly-sur-Seine.**
© Evvy Eisen, The Legacy Project

Rue de Rivoli 1944.
Bibliothèque Historique de la Ville de Paris.

QUESTIONS DE COMPRÉHENSION

PREMIÈRE PARTIE

1) L'OCCUPATION ALLEMANDE

Où est-ce que Marcel Jabelot et sa famille vivaient quand la guerre a commencé ? Pourquoi sont-ils partis à Nice ? Que faisait Marcel Jabelot au moment où la guerre s'est déclarée

QUESTIONS DE COMPRÉHENSION

en France ? Comment la France a-t-elle été divisée ? Définissez la Zone libre. En quelle année la Zone libre a-t-elle été supprimée ? Comment la situation à Nice a-t-elle changé en 1943 ?

2) L'ARRESTATION DE MARCEL JABELOT

En quelle année M. Jabelot a-t-il été arrêté ? Quel âge avait-il ? Quels autres membres de la famille ont été arrêtés avec lui ? Comment les Allemands savaient-ils qu'ils étaient là ? Quel rôle la police française a-t-elle joué dans les arrestations ?

3) DRANCY

Où est situé Drancy ? Qu'y avait-t-il dans cette ville pendant la guerre ? Quels étaient les prisonniers ? Décrivez la vie à Drancy. Combien de temps les Jabelot ont-ils passé à Drancy ? Pourquoi l'appelle-t-on « l'anti-chambre de la mort » ?

4) LE TRAJET À AUSCHWITZ

Comment les prisonniers ont-il voyagé de Drancy jusqu'à Auschwitz ? Quelles étaient les conditions de ce voyage ? Décrivez le trajet. Combien de temps celui-ci a-t-il duré ? Que disaient les Allemands aux gens pour rassurer les déportés ?

5) L'ARRIVÉE À AUSCHWITZ

Où était situé Auschwitz ? Comment les Allemands ont-ils séparé les prisonniers ? Qu'est-ce que les Juifs ont dû faire en arrivant à Auschwitz-Birkenau ? Que portaient-ils comme vêtements ? Quel temps y faisait-il ?

6) LE TATOUAGE

Pourquoi, à votre avis, les Allemands ont-ils tatoué les prisonniers ? Que voulaient-ils que les Juifs perdent ?

7) LA PREMIÈRE NUIT

Décrivez la baraque où l'on a mis les prisonniers. Qu'ont fait les SS pendant la nuit ? Pour quelle raison ?

8) LA NOURRITURE

Décrivez la nourriture des prisonniers à Birkenau. De quoi Marcel Jabelot avait-t-il besoin en matière de nourriture à l'âge de dix-neuf ans ? Monsieur Jabelot a dit qu'il pesait 35 kg lorsqu'il est rentré de déportation. Trente-cinq kilos correspondent à combien de livres ? (1 kg = 2,2 livres)

9) BIRKENAU

Où M. Jabelot a-t-il été envoyé ? Quelles nouvelles avait-il de sa mère ? de sa grand-mère ? Sur les mille personnes qui sont arrivées à Auschwitz, combien ont été gazées le premier jour ? Pourquoi, dans certains cas, les SS gazaient-ils tous les Juifs qui arrivaient à Auschwitz ?

10) LA MINE DE CHARBON

Où M. Jabelot a-t-il dû travailler ? Qui était d'abord avec lui ? Pourquoi était-il difficile de travailler à la mine ? Où le père de M. Jabelot a-t-il été envoyé ? Qu'est-il devenu ? En quittant la mine, où Marcel Jabelot a-t-il été envoyé ?

11) L'ARCHITECTE BELGE

Comment l'architecte belge a-t-il aidé Marcel Jabelot ? Pourquoi était-il mieux traité par les Allemands que la plupart des Juifs ? Que M. Jabelot père lui avait-il demandé de faire ? Ce monsieur a-t-il survécu ? Expliquez.

12) LA MARCHE DE LA MORT

Combien de temps M. Jabelot est-il resté à Auschwitz-Birkenau ? Expliquez « La marche de la mort » et décrivez les conditions. Dans quel état étaient les prisonniers ? Comment les Allemands ont-ils essayé de se débarrasser des prisonniers ? Comment M. Jabelot a-t-il échappé aux Allemands ? Pourquoi dit-il que c'était un miracle d'avoir survécu ?

13) LA PAYSANNE POLONAISE

Où Marcel Jabelot et les autres prisonniers ont-ils passé la première nuit ? Pourquoi a-t-il fallu que M. Jabelot et ses amis continuent à se cacher dans la grange ? Pourquoi ont-ils eu beaucoup de chance ? Qu'est-ce que la paysanne polonaise a fait pour eux ? Quel danger risquait-elle ?

14) LES RUSSES

Expliquez comment les Russes ont aidé et sauvé Marcel Jabelot et ses camarades. Quelles sortes de problèmes médicaux M. Jabelot avait-il à cette époque-là ? Comment les Russes l'ont-ils soigné ? Qu'y avait-il de dangereux dans les casernes où l'on avait mis les rescapés ?

15) LA CROIX-ROUGE

Quel rôle la femme de la Croix-Rouge a-t-elle joué dans le retour éventuel de Marcel Jabelot en France ? Pourquoi lui a-t-elle dit d'aller à Bucarest en Roumanie ? Pourquoi ne pouvait-il pas rentrer en France en février 1945 ?

16) BUCAREST-ODESSA-MARSEILLE

Décrivez le trajet de Cracovie jusqu'à Bucarest. Par quelle organisation a-t-il été aidé ? Qu'y avait-il à Bucarest ? Comment est-il allé d'Odessa jusqu'à Marseille ? Quand est-il arrivé à Marseille ?

17) L'APRÈS-GUERRE

Pourquoi Marcel Jabelot voulait-il retourner en France ? À quel moment a-t-il su que toute sa famille était morte ? Pourquoi est-il allé en Suisse ? Quel en a été le résultat ? Qu'a-t-il trouvé en revenant à Paris ?

18) L'ANTISÉMITISME

Selon Marcel Jabelot, y avait-il beaucoup d'antisémitisme en France avant la guerre ? Donnez-en des exemples. Comment les Français ont-ils réagi aux premières mesures antisémites du gouvernement de Vichy ? Pourquoi M. Jabelot dit-il que la réaction des Français pour protéger les Juifs a été tardive ? Comment et pourquoi l'atmosphère a-t-elle changé en 1943 ?

DEUXIÈME PARTIE

19) LE RETOUR À PARIS

Quelles difficultés Marcel Jabelot a-t-il eues après la guerre ? Quel était « le plus grand malheur » ? Quel âge avait-il ? Comment a-t-il expliqué le fait qu'il ait pu refaire sa vie après Auschwitz lorsqu'il est rentré à Paris ?

20) LE TRAVAIL

Quelle sorte de travail Marcel Jabelot a-t-il fait ? Pourquoi M. Jabelot n'a-t-il pas pu reprendre ses études de médecine ? Expliquez. Jusqu'à quel âge a-t-il travaillé ? Pourquoi a-t-il pu prendre sa retraite à cet âge-là ?

21) LA SORBONNE

Qu'est-ce que la Sorbonne ? Qu'est-ce que Marcel Jabelot y a étudié ? Pourquoi ? A-t-il trouvé des réponses à ses questions ? Qui, selon M. Jabelot, a collaboré avec Hitler ? Pourquoi dit-il que « ni la religion ni la culture n'ont empêché la Shoah » ?

22) LA PERTE DE LA FOI

Quelles sont les idées de Marcel Jabelot en ce qui concerne l'existence de Dieu ? Comment la Shoah a-t-elle changé la philosophie personnelle de Monsieur Jabelot ? Montrez comment M. Jabelot a perdu confiance en Dieu et en l'homme.

23) LE MARIAGE

Pourquoi Marcel Jabelot a-t-il hésité avant de se marier ? Qu'apprenons-nous au sujet de sa femme ? Pourquoi ne voulait-il pas avoir d'enfants ?

24) TÉMOIGNER

Pourquoi Marcel Jabelot veut-il témoigner ? Où va-t-il pour le faire ? Quelle est la réaction des jeunes ? Qu'ont-ils du mal à croire ?

25) LES LEÇONS

Que faut-il faire, selon Marcel Jabelot, pour rester « jeune » ? Selon Monsieur Jabelot, quelle est la grande leçon de la Shoah ? Quels conseils donne-t-il aux jeunes ? Expliquez : « c'est un grand morceau de pain, un sourire ».

IDÉES À DISCUTER

1) Marcel Jabelot constate que « la réaction des Français pour protéger les Juifs a été tardive ». Comment expliquez-vous le fait que la plupart des gens aient attendu avant d'agir ?

2) Il suggère qu'un grand nombre de Juifs habitant en France ont été dénoncés. À votre avis, quels étaient les motifs et les buts de ceux qui ont dénoncé les Juifs ?

3) Décrivez tout ce que les Allemands ont fait dans les camps de concentration pour humilier les Juifs.

4) Imaginez que vous êtes la paysanne polonaise qui a hébergé Marcel Jabelot et ses camarades pendant quelques jours. Pourquoi avez-vous pris des risques pour aider les rescapés ? Quels étaient vos sentiments face à la lutte entre le bien et le mal ?

5) Analysez le thème de l'amitié dans le témoignage de Marcel Jabelot. Où voit-on la création de ces liens amicaux et comment ont-ils aidé Marcel Jabelot à survivre ?

6) Marcel Jabelot dit souvent qu'il a eu de la chance. Êtes-vous d'accord avec lui ? Expliquez pourquoi ou pourquoi pas.

7) Imaginez que vous êtes Marcel Jabelot dans le Bois des Egersfeld. Presque tous vos camarades ont été mitraillés par les Nazis. Quels sont vos sentiments ? Comment et pourquoi avez-vous décidé de ne pas bouger ?

8) Recherchez l'Affaire Dreyfus et analysez pourquoi ce capitaine juif a été accusé de trahison et puis acquitté. Expliquez l'importance de l'Affaire Dreyfus dans le développement de l'antisémitisme virulent de certains Français.

9) Décrivez tout ce que Marcel Jabelot a fait pour refaire une nouvelle vie après la guerre. Croyez-vous qu'Hitler ait gagné ?

10) À votre avis, la perte de confiance en Dieu et en l'homme était-elle compréhensible après Auschwitz ? Expliquez.

11) Comment pouvez-vous améliorer le monde actuel dans lequel vous vivez en suivant les conseils de Marcel Jabelot ?

12) Écrivez une lettre à Marcel Jabelot en lui disant pourquoi vous admirez son courage. Faites-lui également part de vos réactions à ses expériences tout en indiquant si vous partagez ses sentiments et ses opinions.

BIBLIOGRAPHIE RECOMMANDÉE

HISTOIRE

ADLER Jacques, *Face à la persécution, les organisations juives à Paris de 1940 à 1944*, Calmann-Lévy, 1985.

AZÉMA Jean-Pierre, BÉDARIDA François (dir.), *La France des années noires*, Seuil, 1993, 2 volumes.

BENSOUSSAN Georges, *Histoire de la Shoah*, « Que sais-je ? », PUF, 1997.

BOEGNER Philippe, *Ici, on a aimé les Juifs. Le Chambon-sur-Lignon*, Jean-Claude Lattès, 1982.

BRAUNSCHWEIG Maryvonne et Bernard GIDEL, *Les déportés d'Avon : Au Revoir les Enfants*, 1989.

COINTET Michèle et Jean-Paul (sous la direction de), *Dictionnaire historique de la France sous l'Occupation*, Tallandier, 2000.

CONAN Éric, *Sans oublier les enfants : les camps de Pithiviers et de Beaune-la-Rollande, 19 juillet–16 septembre*, Grasset, 1991.

GRYNBERG Anne, *La Shoah, l'impossible oubli*, Découvertes Gallimard, 1995, 2001.

HAZAN Katy, *Les Orphelins de la Shoah. Les maisons de l'espoir 1944–1960*, Les Belles Lettres, 2000.

KASPI André, *Les Juifs pendant l'Occupation*, Le Seuil, 1991.

KLARSFELD Serge, *Mémorial de la déportation des enfants juifs en France*, La Shoah en France, FFDJF ; Librairie Arthème Fayard, 2001.

KLARSFELD Serge, *Le Mémorial de la déportation des Juifs de France*, FFDJF.

KLARSFELD Serge, *Le Calendrier de la déportation des Juifs de France*, FFDJF.

LATOUR Anny, *La Résistance juive en France*, Stock, 1970.

LAZARE Lucien, *Dictionnaire des Justes de France*, Fayard, 2003.

MARRUS Michael R. et PAXTON Robert O., *Vichy et les Juifs*, Calmann-Lévy, 1981.

PAXTON Robert O., *La France de Vichy, 1940-1944*, Points Seuil, 1973.

PECHANSKI Denis, *La France des camps. L'Internement 1938-1946*, Gallimard, 2002.

PÉTAIN, *Chroniques de l'histoire*, Éditions Chroniques, 1997.

POLIAKOV Léon, *L'Étoile jaune*, Éditions Granger, 1999.

POZNANSKI Renée, *Les Juifs en France pendant la Seconde Guerre mondiale*, Hachette, 1997.

RAJFUS Maurice, *Drancy, un camp de concentration très ordinaire 1941-1944*, Le Cherche Midi éditeur, 1996.

RAYSKI Adam, *Le choix des Juifs sous Vichy : entre soumission et résistance*, La Découverte, 1992.

ROUSSO, Henry, *Le Syndrome de Vichy de 1944 à nos jours*, Seuil, 1987, 1990.

WELLERS Georges, *Un Juif sous Vichy*, Tirésias, 1991.

WIEVIORKA Annette, *Déportation et génocide : entre la mémoire et l'oubli*, Plon, 1992.

ZUCCOTTI Susan, *The Holocaust, the French and the Jews*, Basic Books, 1993.

MÉMOIRES ET LITTÉRATURE

AUBRAC Lucie, *Ils partiront dans l'ivresse*, Seuil, 1984.

AUBRAC Lucie, *La Résistance expliquée à mes petits-enfants*, Seuil, 2000.

BULAWKO Henry, *Les Jeux de la mort et de l'espoir*, Encres, 1980.

CRETZMEYER Stacy, *Your Name is Renée*, Oxford University Press, 1994.

DELBO Charlotte, *Auschwitz et après*, Éditions de Minuit, 1971.

DURAS Marguerite, *La Douleur*, P.O.L., 1985.

FRY Varian, *Assignment: Rescue*, Four Winds Press, 1968.

GUÉNO Jean-Pierre (sous la direction de), *Paroles d'étoiles : Mémoire d'enfants cachés (1939-1945)*, Librio, n° 549, Radio France, 2002.

IDRAC Armand, *Drôle de Mémoires en Normandie*, Beach Lloyd Publishers, 2004.

KALUSKI-JACOBSON Nadia, *Les Lettres de Louise Jacobson et ses proches : Fresnes, Drancy, 1942-1943*, Robert Laffont, 1998,

KOFMAN Sarah, *Rue Ordener, Rue Labat*, Éditions Galilée, 1994.

MITTÉRAND François et Elie WIESEL, *Mémoire à deux voix*, Éditions Odile Jacob, 1995.

PEREC Georges, *W ou le souvenir d'enfance*, Éditions Denoel, 1975.

TICHAUER Eva, *J'étais le numéro 20832 à Auschwitz*, Harmattan, 1988.

VERCORS, *Le Silence de la mer*, Livre de Poche, 1951.

WIEVIORKA Annette, *Auschwitz expliqué à ma fille*, Seuil, 1999.

INDEX

Allemagne, 13, 22, 24, 56
allemand, 7
Allemands, 1, 3, 5, 11, 12, 13, 14, 15, 16, 22, 56, 61, 62, 69, 70, 71, 76
ambassade de France, 19
anglais, 19
antisémites, ix, 2, 21, 22, 46, 73
antisémitisme, 21, 22, 41, 48, 73, 77
armistice, 1
atelier de menuiserie, 12
Auschwitz-Birkenau, xix, 7, 46, 64, 69, 71
baraque, 8, 9, 70
belge, vii, 12, 71
Bois des Egersfeld, 14, 76
Bruxelles, 12
Bucarest, vii, 18, 19, 72
Buna-Monowitz, x, 29, 38, 39, 65
camp de concentration, 5, 7, 11, 81
camp de mineurs, 10, 11
Centre de documentation juive contemporaine, xvi
chambre à gaz, 11
chance, xiv, 12, 16, 18, 19, 20, 23, 24, 28, 57, 71, 76

CHIRAC, Jacques, 48
Christ, 25
convoi, xix, 5, 11, 51, 62, 64
corvées, 4
Cracovie, 17, 18, 19, 72
cris, 7, 13, 48
Croix-Rouge, vii, 18, 72
dénonciations, 3
déportés, xii, 5, 35, 46, 51, 52, 79
dictature, 31
Dieu, 25, 32, 57, 74, 77
Drancy, vii, ix, x, xix, 4, 5, 35, 45, 46, 47, 49, 51, 52, 62, 64, 69, 81, 82
Dreyfus, 23, 61, 73, 77
École Agnes Irwin, ix, xvi, xvii, 44
étoile jaune, 30, 51, 62
études, xix, 1, 22, 23, 58, 64, 65, 74
Europe, 18, 24, 40
expertise d'immeubles, 23
extermination, 11, 52
faim, 6, 13, 16, 20
fascisme, 31
ferme, 15, 16
France, x, xiv, xvi, 1, 2, 4, 19, 21, 22, 35, 46, 48, 50, 51, 52, 61, 64, 69,

72, 73, 76, 79, 80, 81, 82
gendarmerie, 16
gendarmes, 29, 36
Gestapo, 2, 3
grange, 16, 71
Gringoire, 21
Gurs, 35
Hitler, 6, 22, 25, 28, 40, 58, 61, 62, 74, 77
hitlérisme, 25
Hongrie, 19
Israël, 12
Italiens, 1, 2
JABELOT, Danièle Leclercq, ix, xviii
JOINT, 19
Juifs, x, 2, 3, 4, 7, 11, 16, 19, 21, 22, 23, 24, 25, 30, 35, 41, 48, 49, 52, 61, 62, 69, 70, 71, 73, 76, 79, 80, 81
Justes, 41
kilos, 70
Légion d'Honneur, viii, x, xix, 35, 38, 43, 65
Libération, 22, 62, 63
Marche de la mort, vii, xix, 13, 63, 64
Marseille, vii, 20, 36, 64, 72
médecine, xix, 1, 22, 23, 64, 74
MITTÉRAND, François, 82
morceau de pain, 10, 31, 75

Musée Judah Magnus, xvi
nazisme, xii, 31
neige, 14, 15
Nice, x, xix, xxi, 1, 2, 3, 4, 21, 36, 64, 68
nourriture, 4, 9, 16, 20, 24, 70
Odessa, vii, 19, 64, 72
PALANT, Charles, viii
Paris, viii, x, xii, xiv, xvi, xix, 1, 4, 6, 18, 20, 21, 22, 29, 30, 35, 36, 38, 44, 47, 48, 61, 62, 64, 65, 66, 68, 72, 74, 79
Père-Lachaise, x, 29, 36, 39, 65
PÉTAIN, Maréchal, 22, 61
Pithiviers, 35, 79
police française, 3, 69
policiers français, 29, 47
Pologne, 6, 8, 15, 17, 19, 56, 61, 64
polonaise, 15, 71
prêtres, 22
prisonniers, 5, 8, 13, 17, 69, 70, 71
rafles, 35
Résistance, 36, 80, 81
Roumanie, 18, 72
Russes, vii, 13, 14, 17, 19, 72
Russie, 19
rutabagas, 9
sanatorium, 20, 65
sépultures, 28

Shoah, 4, viii, xii, xiv, xv, xvi, xvii, 24, 25, 44, 45, 55, 56, 65, 74, 75, 79, 80
SS, 6, 7, 70
Suisse, 20, 22, 65, 72
survivants, xiv
tatouage, 8, 70
Tchécoslovaquie, 19
témoigner, xiv, xix, 28, 39, 40, 75
tuberculose, xix, 20, 65
typhus, 17
Vél d'Hiv, x, 35, 47, 49, 62
Vichy, xiv, 22, 52, 61, 73, 80, 81
wagons, 6, 7, 14
xénophobie, 21, 41
Zone libre, x, xix, 1, 2, 61, 62, 69

Beach Lloyd
PUBLISHERS
LLC

Web : http://www.beachlloyd.com

Courriel : BEACHLLOYD@erols.com

Téléphone (610) 407-0130 ou

1-866-218-3253, poste 8668 (appel gratuit aux États-Unis)

Télécopieur (775) 254-0633

P.O. Box 2183

Southeastern, PA 19399-2183
USA

BON DE COMMANDE

🖨 **Télécopieur** : envoyez ce formulaire au 775-254-0633.

☎ **Téléphone** : composez le 610-407-0130 ou le 1-866-218-3253, poste 8668 (appel gratuit aux États-Unis) Vous pouvez effectuer le règlement par carte de crédit.

🖥 **Courriel** : BEACHLLOYD@erols.com

📄 **Poste** : Beach Lloyd Publishers, LLC
Joanne S. Silver, Mgr.
P.O. Box 2183
Southeastern PA 19399-2183
USA

Votre commande :
_____
_____

Nom : _____
Adresse : _____
Ville : _____ Code postal : _____ État : ___
Téléphone : _____
Courriel : _____
Taxe : 6 % en Pennsylvanie (États-Unis)

États-Unis $2-4, international $7-9. Pour les envois en nombre, frais postaux sur devis.

Règlement :

☐ Chèque en $ américains à Beach Lloyd Publishers, LLC

☐ Visa   ☐ MasterCard   ☐ Carte Bleu

Numéro de carte :
_____

Nom du titulaire : _____
Date d'expiration de la carte : _____